FRANZ RICHARD REITER (Hg.)
WER WAR VIKTOR MATEJKA ?

Dokumente · Berichte · Analysen 7

Herausgegeben von Franz Richard Reiter

F. R. REITER (Hg.)

Wer war Viktor Matejka?

EPHELANT VERLAG

Umschlag: Monika Horsky
Druck: Novographik, Wien
ISBN: 3-900766-09-6

Seit mir die Politik als Inhalt und Motor des gesellschaftlichen, sozialen und kulturellen Lebens bewußt wurde, also schon in meiner ausgehenden Mittelschulzeit und in der beginnenden Hochschulzeit, bekenne ich mich als Politiker. Das ist mein Hauptberuf und hat nichts mit einem Geldberuf zu tun, auch nichts mit einer speziellen politischen Funktion oder einem Mandat. Der homo politicus ist ein wissender Mensch, ein Veränderer, er bemüht sich ständig um die Mehrung und Revision seines Wissens.

Krieg ist immer Tod. Zu ihm gehört die Kriegsvorbereitung. Er beginnt im Frieden. Dort muß er bekämpft werden.

Viktor Matejka

Lieber Viktor,

ich habe Dich verehrt, bewundert und geliebt, und ich werde Dich weiter lieben, bis ich sterbe.

Johannes Mario Simmel

Inhalt

Evelyn Adunka
„Ich hielt es daher für meine Pflicht“

Viktor Matejka war ein seltener Glücksfall für Österreich, für ein Land, in dem so viele Ideen und Initiativen immer wieder durch Schlampereien, Trägheit, Erinnerungslücken und mangelndes Engagement scheiterten. Matejkas selbstgewählte Aufgabe und Tätigkeit, die er sein ganzes erwachsenes Leben bis zu seinem Tod im 92. Lebensjahr ausübte, war es zu helfen, zu informieren, zu vermitteln, zu diskutieren, aufzuklären und anzuregen, sei es als streitbarer Publizist und Briefeschreiber oder als Bildungsreferent der Arbeiterkammer und Obmann der Volkshochschule Ottakring in der Ersten Republik und Stadtrat für Kultur- und Volksbildung nach 1945.

In der Zwischenkriegszeit entwickelte sich Matejka, der Sohn eines Gerichtsdieners in Stockerau, der nach Wien einwanderte, sehr bald zu einem „Judenknecht“, wie er sich selbst ironisch in einer Artikelserie in der Wiener Zeitschrift „Das jüdische Echo“ nannte. Darin beschrieb er auszugsweise seine vielen Erfahrungen mit Wiener Juden fast aller Observanzen vor ihrer Vertreibung und Ausrottung und dokumentierte beispielhaft seine Solidarität und Wertschätzung für seine jüdischen Freunde und Weggefährten in einer Zeit, in der sich der mörderische Antisemitismus der Nationalsozialisten auch in Österreich zu formieren begann: „Viele der großen Österreicher, die als Juden in den großen Abwertungskessel geworfen, diffamiert und verfolgt wurden, waren indessen Therapeuten für Krankheiten, an denen die Menschen jener Zeit litten. Sie waren bahnbrechende Forscher, Gelehrte, Wissenschaftler, Künstler, als Neuerer auf verschiedenen Gebieten des geistigen und universellen Lebens Heilbringer.“ Und dann folgte ein für Matejka besonders charakteristischer Zusatz zu dieser Feststellung: „Auch heute fehlt noch vielfach der Sinn für eine Klarstellung solcher Realitäten und ihrer Zusammenhänge."

Matejkas Eltern waren, obwohl Anhänger Luegers, keine Antisemiten, und so waren seine Beziehungen zu jüdischen Mitbürgern von Anfang an selbstverständlich. Diese Gesinnung und Haltung wurde durch seine Freundschaften mit Juden gefördert, gleich, „ob es Glaubensjuden waren oder traditionell tief oder auch nur oberflächlich mit dem Judentum verbundene Österreicher. Gleich, ob es Österreicher waren, für die das Judentum zu einem Sammelsurium wurde, in das Nichtjuden, Antisemiten verschiedener Herkunft ihre Vorurteile, ihre Ignoranz, ihre Minderwertigkeitsgefühle, ihren aus vielerlei Quellen gespeisten Haß wie in einen Kessel warfen, in dem das Gespenst der ‚jüdischen Gefahr' brodelte und zischte". Mit diesen Antisemiten verschiedenster Abstufungen schlug Matejka sich dann ein Leben lang publizistisch herum, angefangen mit seiner unter dem Titel „Zwischenspiel Hitler" und im Rahmen der „Berichte zur Kultur- und Zeitgeschichte" (deren Entstehungsgeschichte in seinem posthumen „Buch Nr.3" dokumentiert ist) veröffentlichten einzigartigen Quellensammlung zur „Judenfrage" und zum Nationalsozialismus. Obwohl Matejka damit den Nationalsozialismus ernst nahm und geistig kämpfte wie kaum jemand anderer, vor allem aber das publizistische Ghetto des Wiener Judentums zumindest teilweise durchbrach – vielleicht das größte Verdienst dieser Buchreihe –, wäre dennoch (wie Siegfried Mattl bereits andeutete) zu hinterfragen, ob in den Diskussionen zwischen dem Zionisten Oskar Karbach und Emmerich Czermak sowie den Ergüssen von Antisemiten letzteren nicht doch zu viel Raum und Rechtfertigungsmöglichkeit geboten wurde. Der unermüdliche Aufklärer Matejka erklärte sich das im Rückblick so vollständige und deprimierende, aber für ihn trotzdem plausible Scheitern dieser Initiative später so: die „Zeit war viel zu kurz, um mit Hilfe von Literatur einem österreichischen Übel, einer schweren katholischen Sünde, einer deutschnationalen Unmenschlichkeit beizukommen. Arische und jüdische Autoren zusammenzuspannen, um unerträgliche Spannungen zu beheben, wurde mir begreiflicherweise als Förderung jüdischer ‚Machtansprüche' ausgelegt". Neben dieser publizistischen Widerstandsarbeit diskutierte Matejka in den verschiedensten privaten Diskussionszirkeln (die er leider nicht alle schriftlich beschrieben hat) mit assimilierten jüdischen Intellektuellen aller Schattierungen und erinnerte daran, „welche fruchtbare Rolle Juden in Wien ... bei Gründung und Entwicklung privater Zirkel, die sich auf geistig anregender Toleranzbasis mit wesentlichen Problemen der Zeit beschäftigten" spielten. Besonders wichtig für ihn waren die Kreise um Georg Fleischer und um den Rechtsanwalt, Kunstsammler, Historiker, Pazifisten und Zionisten Franz Kobler, der bekannt wurde für seine im Wiener Saturn Verlag Frederick Ungars verlegten Anthologien jüdischer Briefe. (Matejka regte mich übrigens zu einer biographischen Studie über Kobler an, die 1994 gekürzt im Jahrbuch „Menora" publiziert wurde.) Im Kobler-Kreis, dieser privaten „Minihochschule für permanente Diskussion, für menschliche und politische Toleranz, für Demokratie in ständiger Entwicklung" traf Matejka auch viele jüdische Künstler wie Georg Merkel und Rudolf Rapaport Ray, blieb ihnen Zeit seines Lebens freundschaftlich verbunden und setzte sich, oft auch ohne Erfolg, für ihre Arbeiten ein.

Kobler war einer von Matejkas vielen Freunden, die 1938 vertrieben wurden, alle materiellen und geistigen Besitztümer in Österreich verloren haben, und ihr Heimatland nie mehr wiedersahen. Matejka stand mit ihnen nach 1945, nach seiner Rückkehr aus dem KZ, nur mehr brieflich in Verbindung und versuchte vergeblich, sie zurückzuholen. Diese seine Freunde und Gesprächspartner ebenso wie jene Österreicher, die nach 1945 zurückkamen, aber hier nie mehr richtig Fuß faßten, waren für

Matejka in den letzten Jahren immer öfter Anlaß zu trauriger Erinnerung und zur Bezeugung einer lebenslangen Solidarität und Verbundenheit: „Ich betrachte mich als ihr Freund, wo immer sie weiter wirkten in Ländern, wo sie dank ihrer wissenschaftlichen Qualität Karriere machen konnten... Denn, je länger ich mein Leben ausdehnen kann, umso mehr beschäftigt mich die konstruktive Erinnerung an jene Österreicher, die unter dem Sammelbegriff Juden zurückgesetzt, benachteiligt, erniedrigt, diffamiert, vertrieben, nicht zurückgeholt bzw. um ihr Leben gebracht wurden."

Nach der Katastrophe des Nationalsozialismus verwaltete Matejka 1945 als von den Kommunisten aufgestellter Stadtrat für Kultur und Volksbildung eine wohl einzigartige „Hilfsstelle für Geist, Seele und Körper", wie er sie selbst nannte, und deren Tätigkeit bereits geschildert wurde. Damals schrieb er auch seine vielen Einladungsbriefe an die Vertriebenen, machte mit Leidenschaft immer neue Adressen von Emigranten ausfindig und verfaßte seine berühmten Aufrufe zur Rückkehr der Vertriebenen. Diese Briefe waren zugleich Bittbriefe – worauf in den öffentlichen Diskussionen viel weniger oft verwiesen wurde –, um zu in Wien bitter benötigten Lebensmittelpaketen zu kommen, und es begannen tatsächlich Ströme von Gaben in das hungernde Wien zu fließen. So veröffentlichte Matejka in der „Austro-American Tribune" eine Liste von Personen (Rudolf Kalmar, Karl Röder, Bruno Furch, Ferdinand Wernigg, Leo C. Friedländer, Leopold Langhammer, Rudolf Felmayer, Alexander Sacher-Masoch, Hanna Berger und Leopold Liegler), deren Tätigkeit er kurz beschrieb (die seines Erachtens besondere Förderung verdienten), und für die er um Geldspenden zur Absendung von Lebensmittelpaketen bat. Mit seinem ersten Anliegen, das von keinem einzigen anderen österreichischen Politiker oder Beamten geteilt wurde, war Matejka jedoch so erfolglos wie selten in seinem Leben, und er bezeugte selbst – auch wenn sein berühmter Aufruf zur Rückkehr nur an die emigrierten Wissenschaftler, Künstler und Schriftsteller gerichtet war – seine große Verbundenheit mit den Wiener Juden:

„Daß ich in den Tagen der Befreiung Österreichs 1945 besonders intensiv an die Juden dachte, obwohl praktisch fast keine mehr in Wien waren, daraus ergab sich für mich eine höchst primäre politische Forderung... Ich hielt es daher für meine Pflicht, mit einer eindeutigen Forderung an die provisorische Bundesregierung und im besonderen an die Wiener Landesregierung heranzutreten: Die neuen österreichischen Regierungen haben die Pflicht, alle Österreicher, die ihr Vaterland verlassen mußten, zur baldigen Heimkehr einzuladen... mein Mißerfolg kann als gigantisch bezeichnet werden. Keine der drei damals regierenden Parteien war im denkwürdigen Jahr der Befreiung zu bewegen, einen eindeutigen und klaren Beschluß zu diesem Gesamtösterreichbekenntnis zugunsten der Vertriebenen zu fassen... Warum auch in späteren Jahren keine Einladung zur Rückkehr in die Heimat erfolgte, dafür mögen verschiedene Gründe angeführt werden.“ Die weitere Beschreibung der fatalen Folgen dieses Versäumnisses verbindet Matejka wieder mit einem auch heute noch notwendigen Appell an die österreichische Zeitgeschichte: „Daher erlaube ich mir, immer wieder, auch ohne besonderen Anlaß festzustellen, daß Österreich infolge der Unterlassung seiner Regierungen viele wertvolle Österreicher zum zweitenmal verloren hat. Daß dabei der Verlust österreichischer Juden eine besondere Rolle spielt, wird hoffentlich noch von der zuständigen Zeitgeschichtsforschung umfassend erhoben werden.“

1946 initiierte Matejka im Wiener Künstlerhaus als große „Generalabrechnung“ (so Victor Slama im Vorwort) die antifaschistische Ausstellung „Niemals vergessen!“, die von allen drei damals im Parlament vertretenen Parteien unterstützt wurde und in deren Katalog die österreichischen Politiker und Minister Theodor Körner,

Karl Renner, Oskar Helmer („Österreich – das erste Opfer des Nazifaschismus"), Adolf Schärf, Felix Hurdes, Lois Weinberger, Karl Gruber und Julius Deutsch in damals noch vorhandener, seltener Einmütigkeit schrieben. Im Katalog schätzte Akim Lewitt, Mitglied des Vorstands der Wiener Israelitischen Kultusgemeinde, in seinem Beitrag „Judenverfolgung und Judenvernichtung" die ermordeten Juden auf 5.700.000. Die Ausstellung wurde (Matejka: „entgegen allen Prophezeiungen") von 265.000 Besuchern besucht. Pläne, sie auch in den Bundesländern zu zeigen, konnten mit Ausnahme von Innsbruck nicht realisiert werden.

Matejkas Erschütterung über die Leiden und Auswirkungen der Nazizeit zeigte sich in den ersten Nachkriegsjahren auch in vielen Reden und Artikeln, mit denen er aufklärend im besten Sinn des Wortes wirkte. Besonders eindrucksvoll ist folgende Stelle aus seinen einleitenden Worten zur Uraufführung des Dokumentarfilmes „Lager des Grauens" im November 1945 in Wien:

„Es müssen Dokumente dieser Epoche des Grauens geschaffen werden, die den Menschen, der das alles nicht erlebt hat, bis in das Tiefste erschüttern. Es wird im Augenblick kaum ein Ausdrucksmittel geben, das in der Lage wäre, die ganze Wahrheit und Wirklichkeit des Konzentrationslagers darzustellen. Wir stehen noch alle zu sehr unter dem Eindruck des grauenhaften Geschehens, als daß wir es schon gestalten könnten. In tiefer Erinnerung an das durchlebte Grauen ist unsere Zunge noch gelähmt und nur fähig, ein paar armselige Bilder wiederzugeben. Unser Gedächtnis kann nur Äußerlichkeiten beschwören, da um die inneren Erlebnisse noch der Panzer des Entsetzens geschmiedet ist."

Matejka wollte sich damit aber nicht nur an seine überlebenden Freunde aus den Konzentrationslagern, an die die zitierte Rede gerichtet ist, wenden, sondern er wünschte: „Alle Nazis und auch alle anderen, die den Faschismus so gut überlebt haben, müssen diese Filme sehen. Und wenn wir sie mit der Polizei hereinzwingen müssen, sie sollen hier sitzen und schaudernd das Maß ihrer Mitschuld erkennen." Im Gegensatz zu anderen österreichischen Politikern, auch im erwähnten Ausstellungskatalog, formulierte Matejka in dieser Rede auch die Mitschuld vieler Österreicher an den Naziverbrechen und die Notwendigkeit ihrer Bestrafung:

„Die vor unseren Augen und Ohren Getöteten, die Ermordeten, die Gemarterten, die Gehängten, die Vergasten, die Gepeitschten, die Getretenen, die Geprügelten, die Geschlagenen, die Geohrfeigten, die Geschundenen, die Vivisezierten, die Erschossenen, die Erwürgten – sie alle verlangen von uns die Heranziehung der an solcher Pein Schuldigen und Mitschuldigen zur Strafe und zur Sühne. Dieses System des Grauens dauerte in Deutschland seit 1933, in Österreich seit 1938. Warum konnte es so lange dauern? Weil die große und vor allem auch die repräsentative deutsche und österreichische Öffentlichkeit dazu geschwiegen hat. Weil sie feig und blind war. Weil sie sagte, sie wüßte nichts davon, weil sie befürchtete, bei einer entschiedenen Stellungnahme dagegen selbst ins KZ zu kommen. Und damit hat ein großer Teil des deutschen und österreichischen Volkes sich selbst gerichtet. Heute wird zwar zunächst ein bißchen registriert und dann wieder entregistriert. Dann wird vertuscht und gelogen. Es wird entschuldigt und entstellt. Es wird im Trüben gefischt und die Spuren werden raffiniert verwischt. Das geht aber nur eine Zeitlang. Dann stehen die Millionen, die im Grauen liegen, wieder auf. Wir Überlebenden, wir Zeugen ihrer Pein, führen sie in die unfähige Zeit, und sie werden mit uns den Spruch der Gerechtigkeit fällen. Und der Spruch wird eine andere Sprache reden als falsches Mitleid, als deplacierte Nächstenliebe, als verwaschenes Konjunkturrittertum."

Unter den vielen Wiener Juden, denen Matejka nach 1945 seine Freundschaft anbot, war auch Simon Wiesenthal. Zu seinem 80. Geburtstag schrieb ihm Matejka im Jänner 1989 einen seiner typischen Solidaritätsbriefe, in denen er auch ankündigte, Bürgermeister Zilk daran erinnern zu wollen, Wiesenthal die Ehrenbürgerschaft der Stadt Wien zu verleihen (die er bis heute nicht bekommen hat):

„Lieber Simon Wiesenthal, lieber guter alter Freund, wie ein Österreicher sich nur freuen kann, freue ich mich über den achtzigjährigen weltberühmten Wiesenthal, der auch dann in der weiten Welt groß gefeiert wird, wenn die kleinen Regenten in Österreich ihn am liebsten übersehen. Ich hoffe, daß es bald im heurigen Jahr noch zu einem deutlichen und eindeutigen Bekenntnis bewußter Österreicher zu Wiesenthal, seinem einmaligen Lebenswerk, zu dem oft Verfolgten, noch kommen wird. Es ist für mich unerträglich, daß Kreisky bisher nichts zurückgenommen hat von dem, was er an Diffamierung über Dich ausgegossen hat. Ebenso unerträglich, daß an der Spitze des Nationalrates derselbe Leopold Gratz auch heute noch sitzt, der auf einem Parteitag der SPÖ, offenbar im Einverständnis mit dem Parteivorsitzenden und in dessen Auftrag, Dich mit der Mafia in Einklang gebracht hat."

Wiesenthal antwortete Matejka mit einem schönen Bekenntnis zu dieser Freundschaft:

„Lieber Freund, ich kenne die wichtigsten Abschnitte in Deinem Leben, und ich habe Dich immer bewundert, wie Du von Deinem Weg nicht abgewichen bist. Wenn Du einen Fehler eingesehen hast, hast Du die Konsequenz gezogen; ich habe bei meinen Entschlüssen oft an Dich gedacht und mir an Deiner Kompromißlosigkeit – wenn es um Deine Überzeugung ging – ein Beispiel genommen. Alle die Ehrungen, die Du erwähnst, habe ich hinter mir, und sie freuen mich auch, wenn ich das Gefühl habe, daß sie verbunden sind mit der Anerkennung, daß meine Arbeit wichtig war und ist. Über 40 Jahre in Österreich gegen den Strom zu schwimmen – das hätten die meisten schon längst aufgegeben. Aber ich war immer der Überzeugung, daß das Überleben einen Preis hat, und die Aufgabe, die ich mir gestellt habe, werde ich erfüllen. ich weiß, daß Du in diesem Jahr 88 wirst, ich bin überzeugt, daß wir beide biologisch bedeutend jünger sind als dem Kalender nach."

Obwohl Matejka auch einige Male, wie etwa im Fall von Paula Wessely oder Fred Hennings, eine rasche Entnazifizierung erwirkte, formulierte er später und in aller Schärfe die Mitschuld aller künstlerisch Tätigen im Dritten Reich: „Der Faschismus hat die Kunst vergewaltigt, da er die Menschlichkeit vernichtet hat. Und die Künstler trieben je nach Temperament und Charakter in diesem Strom ohne Ufer, sie wurden entweder Verräter oder Gleichgültige oder, was noch gefährlicher war, Künstler um der Kunst willen. Ohne es zu wissen, lachten sie, um das Weinen zu übertönen. Und da sie es nicht wußten, lachten sie mit ihrer ganzen Kunst, sie lachten fröhlich, sie lachten mit Leidenschaft und verursachten dadurch Ströme von Tränen."

Nach seiner vierjährigen Tätigkeit als Stadtrat schrieb Matejka, nunmehr im Hauptberuf Publizist, mit den Rubriken „Tagebuch greift auf, greift ein, greift an", „Das alles ist Wien", „Österreicher im Ausland" und „Unangenehme Notizen" und mit zahlreichen offenen Briefen an prominente politische und kirchliche Persönlichkeiten im „Tagebuch" und im „Abend" eine in dieser Form einzigartige laufende Chronologie der österreichischen Geistes- und Ungeistesgeschichte, die als ein erstrangiges Quellenmaterial für die österreichische Zeitgeschichte von dieser noch kaum beachtet wurde. In dieser Periode agierte Matejka zeitweise noch als Mitglied der KPÖ, schrieb trotz seiner vor allem um Ernst Fischers zentrierten Stalinismuskritik selbst noch ziemlich fragwürdige Worte über Stalin („Stalins einmalige Größe, seine Durchschlagskraft und seine Konsequenz waren bereits im dritten Jahrzehnt dieses Jahrhunderts unerschütterlich. Diese Epoche der Weltgeschichte heißt seither Epoche Stalins. Sie ist unsterblich.") und nahm auch vom antisemitischen Slansky Prozeß in der Tschechoslowakei keine Notiz.

Bis zuletzt blieb Matejka trotz seiner schweren Krankheit vor allem als Brief- und Leserbriefschreiber sowie als öffentlicher Diskutant ein hellwacher und kritischer Kommentator des Zeitgeschehens. Noch 1991 beklagte er z.B. anläßlich der historischen Rede von Bundeskanzler Vranitzky über die Verbrechen des Naziregimes, daß dieser nicht auch mit seinen Vorgängern ins Gericht ging und ihre Versäumnisse anklagte und hoffte zugleich, daß „kritische Zeithistoriker, die sich von keinerlei Terminen bestimmen lassen, eine solche von mir vermißte Genauigkeit peinlichst und rücksichtslos nachholen werden."

Eine ganze Generation von jungen Historikern (leider, wie es scheint, nicht die Generation vor ihnen) holte sich in den letzten Jahren von Matejka Anregungen, Informationen und Materialien für ihre Arbeiten. Er, der von sich sagte, daß er am liebsten Menschen sammle (noch vor Hähnen und Selbstporträts) und alles aufhebe und niederschreibe, konnte hier fast zu allen Themen aus Österreichs jüngster Geschichte mit unendlich vielen Auskünften dienen. Matejka wurde damit, wie es Hellmut Butterweck beschrieb, „zum zeitgeschichtlichen Auskunftsbüro, zum lebenden Lexikon der geheimen österreichischen Zeitgeschichte", zu einer „Art von alternativem zeitgeschichtlichen Gedächtnis Wiens".

Seit 1985, fast seit Beginn meines Studiums, durfte auch ich Matejka regelmäßig besuchen und mit zahllosen Fragen bestürmen. Er schien mit ganz Wien befreundet oder in Kontakt gewesen zu sein und in allen wichtigen Institutionen und Redaktionen seine „Stützpunktfreunde" zu haben, mit denen er hantierte und die er untereinander vermittelte. Matejka hat mir u.a. beigebracht, Geistesgeschichte immer auch als Ungeistesgeschichte zu schreiben und hat mich, als ich an meiner Dissertation über seinen Freund Friedrich Heer schrieb, mit Material versorgt. Matejkas Briefe an Heer, deren Durchschläge er mir wie andere Korrespondenzen zur Verfügung stellte und die besonders beeindruckende Beispiele seiner Solidarität und Unterstützung für einen Freund und dessen nicht unumstrittenes Werk sind, durfte ich dann leider nur in der Dissertation, aufgrund des Einspruchs von Heers familiären Rechteinhabern nicht im geplanten Buch publizieren.

Daß der Verlag und ich anschließend wegen Urheberrechtsverletzung in den angeblich zu langen Zitaten sogar geklagt wurden, hat er nicht mehr erlebt. Der Fall ist zur Zeit der Abfassung dieses Beitrages noch nicht gerichtlich entschieden. Auch Peter Huemer, der Herausgeber von Matejkas posthum erschienenem „Buch Nr.3", wagte es nicht, einen Brief Matejkas an Heer in diesem Buch abzudrucken, sondern legte diesen dem Buch bei.

Bei meinen Gesprächen mit Matejka mußte ich oft daran denken, an wie viel mehr er sich wohl noch vor seinen schweren Operationen, wie er selbst immer betonte, erinnert hätte, besonders, wenn ich Namen im Zusammenhang mit meiner derzeitigen Arbeit über die Geschichte der Juden in Wien erwähnte. Auch hier ist von den Generationen vor mir vieles versäumt worden. Ich bin auch davon überzeugt, daß sich in Matejkas Korrespondenz – ist sie doch ein Spiegelbild der politischen und kulturellen Zustände der Zweiten Republik und ein einzigartiges Beispiel der Bekämpfung ihrer Mißstände – noch viele kostbare Briefe finden, die wert sind, publiziert zu werden. Ich hoffe daher, daß aus seinem Nachlaß noch vieles veröffentlicht werden wird.

Otto Breicha
Ein wirklicher Verlust

Viktor Matejka war ein einmalig „offener" Mensch. Mehr noch: eine öffentliche Instanz (wenn man das überhaupt von jemand behaupten kann, der so auf sich selber gestellt war wie Viktor Matejka). Natürlich hatte ich ihn bereits gekannt, noch ehe ich ihn persönlich kennengelernt habe. Einer, der notorisch in Zeitungen herumgelesen hat, ist dabei über kurz oder lang auf seinen Namen gestoßen, der auch immer dann ins Gespräch kam, wenn wieder einmal offiziell nichts fruchtete: Damals beim Amtsinhaber Matejka sei das anders gewesen... Als ich ihm dann tatsächlich begegnet bin, waren es zwei Eigenschaften, mit denen ich konfrontiert wurde. Er war damals immer noch (oder schon wieder?) Kunstkritiker. Er schrieb (hauptsächlich fürs „Tagebuch"), war aber jedenfalls bei allen Presseterminen dabei. Es war einfach unmöglich, von ihm nicht „angesprochen" zu werden. Er hatte eine unabweisliche Art, auf Menschen zuzugehen. Er umschloß einen mit seinem Wesen, mußte, einigermaßen umständlich, anbringen und loswerden, was er loswerden wollte. Wahrscheinlich war er deswegen für manche, die „keine Zeit haben", eine Schreck-Schraube. Wer ihn aber mochte (und wer mochte ihn im Grunde nicht?), mußte ihn so nehmen, wie er war.

Manche Begebenheiten aus seinem kunterbunten Leben hat er mir im Lauf der Jahre an die zwanzigmal ausführlichst, versteht sich, erzählt und umständlich ausgebreitet. Bald einmal wußte ich, wer ihm ein sogenanntes „Anliegen" bedeutete. Zum Beispiel dieser oder jener, den niemand sonderlich kannte. Oder wem er ebenso anhänglich grollte, wovon er sich durch nichts abbringen ließ. Er war überhaupt ein überaus kontinuierlicher Mensch. Die Vorfälle, die er umplauderte, erzählte er ein ums andere Mal auf dieselbe Art. Lügner, von denen die meisten ein schlechtes Gedächtnis haben, kann man überführen, wenn man sie über einige Zeit hinweg dasselbe erzählen läßt. Viktor Matejka war kein Lügner. Er war, wie er gewesen ist, das leibhaftige Wissen und Gewissen jener schlimmen (aber auch manchmal schönen) Jahre, die er miterlebt hat. Natürlich besitze ich seine Bücher. Eines davon habe ich sogar gelesen.

Einen nächsten (stärkeren) Eindruck hat mir der sammelnde Kunstfreund Matejka gemacht. Ich kenne sammelnde Menschen in allen Schattierungen. Keiner davon ist so, wie Viktor Matejka war: Ein Original, der den Gegenständen, die er (geradezu wahllos) ansammelte, zwar nachgegangen ist, aber im einzelnen sein Herz nicht unbedingt daran gehängt hat, dem es ums Zusammentragen und Aufstauen zu tun war. Er behauptete gelegentlich (mit gutem Grund), etwas zu besitzen, das er zwar in seiner Wohnung habe, aber nicht wisse wo. Computer gab es damals noch nicht. Und die Mühe einer karteimäßigen Erfassung wäre Viktor Matejka, der seine Zeit für menschliche Kontakte gebraucht hat, stelle ich mir vor, ein Greuel gewesen.

Er war auch als Sammler ein Original. Irgendwann hatte er sich darauf festgelegt, wie auch immer beschaffene Darstellungen von Hähnen (und eigentlich nur solche!) zusammenzuheimsen. Es ging ihm dabei nicht vorrangig ums Künstlerische (obwohl ihm selbst sein Freund Kokoschka Hähne gezeichnet hat), sondern mehr um das Erfolgserlebnis, seinem Gegenüber etwas einschlägig abgezapft zu haben. Kaum einer/eine, die ihn kannten, die nicht von ihm zum Hähnezeichnen genötigt worden wären. Auch mich hat er dazu gebracht, ihm irgendwelche Hahn-Chimären auf irgendwelchen Zetteln, die er mir unterschob, hinzukritzeln. Er hatte dabei eine derart rührende Art, daß man garnicht anders konnte. Es war bei ihm so, als ob jemand um eine Zigarre schnorrt.

Zu irgendeinem Anlaß sind wir übereingekommen, für seine Hähne-Sammlung eine Ausstellung vorzusehen.

Vielleicht war es im Zusammenhang mit seinem Geburtstag, welcher damals in der Wiener Secession groß begangen wurde und wobei alle die Matejka-Bildnisse vorgeführt wurden, die er im Verlauf der Jahre fast jedem Künstler, den er einigermaßen gut kannte, mit unabweislicher Eindringlichkeit abverlangt hatte. Jedenfalls war ich damals schon in Graz, und die einigermaßen regelmäßigen Wiener Begegnungen hatten deshalb aufgehört.

Zur Auswahl der in Frage kommenden Exponate wurde ich in seine Wohnung eingeladen. Ich habe dort mehrere Stunden damit zugebracht, mir wie eh und je alle möglichen Geschichten anzuhören, aber so gut wie nichts zu sehen bekommen. Es war dann in Graz wie früher einmal beim Auspacken der Weihnachtsgeschenke: ein Überraschtwerden von Stück zu Stück. Trotzdem ist es irgendwie eine Ausstellung geworden. Und natürlich wurde es ein großer „Auftritt". Viktor Matejka überwältigte alle, die ihm unterkamen, mit dem unwiderstehlich eindringlichen Charme seiner alles umfassenden Persönlichkeit. Er hatte eine Schürze umgebunden, verteilte Drucke, die man sich mitnehmen durfte, ob man sie haben wollte oder nicht. So gut wie alle waren von ihm überaus angetan. Es gibt viele kunstbesitzende Menschen, bei denen das Gegenteil der Fall ist: Man wünscht sich im nachhinein, ihnen möglichst nie über den Weg gelaufen zu sein.

Wer den Leuten entgegenkommt, wie das Viktor Matejka getan hat, wird von ihnen ähnlich (nämlich überdurchschnittlich) „entgegengenommen". Wenn Hundertwasser einmal von sich behauptet hat, er wäre ein „Geschenk für Deutschland", so war Viktor Matejka ein Geschenk für Österreich, mindestens für diejenigen, die von sich sagen können, ihn halbwegs gut gekannt zu haben. Er war dabei auch ein ungewöhnlich anhänglicher Mensch. Selbst dann, als ich „weit weg" gewesen bin und er sich ausrechnen konnte, daß ich dort, wo ich war, nichts mehr mit ihm würde anstellen können, hat er mich nicht aus den „Augen verloren“. Wir haben auch dann noch von Zeit zu Zeit miteinander korrespondiert (ich weiß nicht was und worüber, aber ich erinnere mich an sein freundschaftliches Interesse, das auch dann nicht aufgehört hat, als er schon ziemlich alt und krank gewesen ist).

Viktor Matejka war, alles in allem, ein regelrechtes „Goldstück“ aus seiner so wenig goldigen Generation. Daß es ihn nicht mehr gibt, den Zeitzeugen, den Hähnesammler, den Kunstmenschen und Weltfreund, ist ein wirklicher Verlust. Denn woher sollte denn heutzutage einer kommen, der so wäre, wie Viktor Matejka einer gewesen ist?

Robert Dachs
„Ich war ein leidenschaftlicher Autodrom-Fahrer"

Äußerungen von ihm wie diese habe ich natürlich sofort notiert; kaum daß er sie ausgesprochen hat. Auch seine Blödeleien, Bonmots und manchmal extrem frechen Fragen an seine Gesprächspartner schrieb ich wie unter Zwang mit, weil ich wußte, daß die Geschichtsschreibung solche Dinge als nicht wesentlich einstuft, ja Anekdoten an sich ablehnt.

Heute finde ich gerade dieses „Bekenntnis zu seiner Autodrom-Leidenschaft" als ganz besonders aufschlußreich. So wie er oft betont hat, er sei ein „besessener Österreicher" – was ich außer von ihm noch von keinem anderen Menschen, bzw. Österreicher jemals gehört habe – war er eben nicht jemand, der ganz gern Autodrom fuhr, sondern leidenschaftlich.

Alles, was er getan hat, hat er mit Leidenschaft getan! Es hat ihm Vergnügen gemacht anzuecken: beim Autodromfahren und im Leben. „Das ganze Leben hat Ecken und Kanten, man muß anecken, es geht gar nicht anders", schmunzelte er und betrachtete lange ein Photo, auf dem meine Frau mit einem berühmten Schauspieler im Auto eines Autodroms sitzt und wie ein Tigerbaby vor Freude kreischt. Chauffiert hat das Auto kein Geringerer als Oskar Werner.

V.M. konnte aus seinen Erinnerungen schöpfen wie ein Rabbiner aus der Bibel, und sein ungewöhnliches Assoziationstalent ermöglichte es ihm, eine ganze Nacht hindurch auf eine kurze Frage zu antworten.

Den größten Hamlet-Darsteller unseres Jahrhunderts hatte er Ende der 50er Jahre in Sistrans in Tirol kennengelernt, und so als ob es gestern gewesen wäre, erzählte er von dieser Begegnung; sogar Details wie „es war in 1.200 m Höhe" wußte er noch. Er konnte sich damals davon überzeugen, daß Oskar Werner mit dem Menschen, der die Worte „Seid wachsam! Sagt nie wieder ‚Jawohl'. Damit hat der ganze Mist angefangen. Seid wachsam!" am Sterbebett spricht, vollkommen identisch war. Und mit größtem Vergnügen hörte er zu, wie Oskar Werner vom schändlichen Versagen des Kardinal Innitzer sprach, der sich 1938 mit den Nazis verbündete.

„Oskar Werner starb am Kreuz einer österreichischen Theaterpolitik!" Und als er das Autodrom-Photo mir zurückgab, schloß er dieses Kapitel mit dem Vorschlag, die katholische Kirche möge doch die Worte Werners aus dem Film „Der letzte Akt" längere Zeit vor der Stephanskirche aufhängen. Damit würden sie wirklich Mut und Einsicht beweisen.

V.M., das ist die Abkürzung für „Viel Mut"! Auch für „Vorbildlicher Motor", der er bei allem Mißerfolg seiner lebenslangen Bemühung der Heimholung der österreichischen Juden trotzdem war. Außer ihm und Willi Forst hat niemand darauf aufmerksam gemacht, daß Österreich die Pflicht hat, alle jüdischen Emigranten zur Heimkehr einzuladen. Es schmerzte ihn bitter, daß Österreich infolge der Unterlassung viele wertvolle Österreicher zum zweitenmal verloren hat.

V.M. hat mir immer wieder Mut gemacht, meine Ausstellung „Sag beim Abschied..." nur ja nicht aufzugeben. Viele Niederlagen mußte ich bei der Realisierung meines Projekts erleben, aber immer wieder nahm ich mir ein Beispiel an diesem „Vorbildlichen Motor".

Meine Frau und ich wußten zwar, daß ihm Hochzeiten ziemlich wurscht waren und man ihn nicht dazu überreden konnte, bei so einer Zeremonie anwesend zu sein, aber wir schickten eine Einladung. Zur Überraschung aller stand er am Hochzeitsmorgen vor dem Standesamt in Währing und begrüßte uns mit den Worten: „Ich war bisher in meinem Leben nur auf einer einzigen Hochzeit, bei der vom Qualtinger. Aber ich wollte mir unbedingt anschauen, wen der Dachs heiratet!"

Nach der Trauung waren wir noch in einem Eissalon ums Eck, und dort sagte er zu meiner Schwester Gisela, mittlerweilen Redakteurin bei der „Zeit", damals aber noch Studentin in Paris, „Ich rate Ihnen, immer das Gegenteil von dem zu tun, was die Eltern erwarten!" In unserem Hochzeitsauto, einem alten wunderbar erhaltenen Rolls Royce, Baujahr 1928, brachten wir ihn schließlich nach Hause in die Theobaldgasse. Unvergeßlich der entgeisterte Blick unseres Chauffeurs, der auf V.M.s Frage nach dem Alter des Autos stolz antwortete: „Sechzig Jahre werden es bald." und daraufhin die Bemerkung hören mußte: „So? Das hätte ich aber für wesentlich älter geschätzt!"

Er hat gar nicht anders können, als stets das auszusprechen, was er sich gedacht hat und wovon er überzeugt war.

Als ihm Johannes Mario Simmel, mit dem er befreundet war, eine mit Liebe ausgesuchte Orchidee ins Spital mitbrachte, schüttelte V.M. nur verständnislos den Kopf und meinte, es gäbe doch Geschenke, die nicht so schnell verwelken. Und immer sagte er seine Meinung mit Leidenschaft! Nie habe ich ihn mit resigniertem Tonfall sprechen hören. Und er stand zu seinen Ansichten, auch wenn darüber gelacht wurde.

Paul Löwinger zum Beispiel hielt er für einen der ganz großen Volksschauspieler. Hermann Leopoldi hätte er am liebsten als Sprechlehrer ans Burgtheater engagiert. Er meinte das ganz ernsthaft, weil er fand, daß jeder Schauspieler vom Leopoldi lernen könne, wie man deutlich spricht und betont. Das Wunderbare an V.M. war, daß er ein „vielseitiger Menschenfreund" war. Er war Fan von Gustav Mahler und Paul Löwinger, Arnold Schönberg und Hermann Leopoldi. Er fand nicht, daß das eine das andere ausschloß.

Als der Schauspieler Hans Jaray starb, schrieb mir V.M., weil er wußte wie sehr ich ihn immer verehrt hatte, daß es ewig schad' sei um diesen „guten, klar sprechenden und so fühlenden und denkenden Edelmann."

Ich war und bin sehr gerührt über diese Worte aus seiner Feder. Neben Paryla, Imhoff schätzte er also ebenso das Extrem-Melancholisch-Noble eines Hans Jaray. Schön!

Daß er gern ins Kaffeehaus gegangen ist, wird wohl niemanden wundern, für mich überraschend war, daß er ganz ernst die besonders schlechte Kaffeehausluft lobte. Daß er fürs Schifahren nichts übrig hatte, wußte ich, aber daß er die Luft in einem Kaffeehaus schätzen konnte, wenn man die Wand vis-à-vis vor Nebelschwaden nicht mehr erkennen kann, wunderte mich doch.

Als ich mich bei meinem ersten Besuch bei ihm dafür entschuldigte, daß ich Kaffee aufs Tischtuch verschüttet hatte, lachte er und meinte: „Entweder ist ein Tischtuch dafür da oder es ist ein Unsinn!"

„Was ist Kultur?" wollte ich gleich zu Beginn unseres Gesprächs wissen und bekam die einfache und ewig gültige Antwort: „Kultur ist der Abscheu vor der Gemeinheit in jeder Gestalt und die Art, wie wir essen, trinken, uns kleiden, wohnen, arbeiten usw." „Und was ist der Sinn des Lebens?" fragte ich zögernd – und keine Antwort erwartend: „Ein friedliches Leben!"

Irgendwann kam unser Gespräch auf Kaiser Franz Joseph, weil dieser immerhin so gütig-gerecht gewesen ist, im Falle einer Nichtunterbringungsmöglichkeit für jüdische Flüchtlinge aus dem Osten sein Schloß Schönbrunn zur Verfügung zu stellen. Wie ein Regisseur spielte V.M. seine persönliche Begegnung mit dem Kaiser vor. Er hatte einen Großonkel, der als k.u.k. Hofoberwerkmeister unmittelbar dem Kaiser zugeteilt gewesen war, und der den kleinen Viktor einmal mitgenommen hat: „Auf einmal geht die Tür auf, und der Kaiser kommt herein." erzählte er. „Er hat mir auf die Schulter geklopft, und dann hat er ein Zuckerl aus seiner Rocktasche geholt und mir hingehalten. Weil ich es mir aber nicht gleich zu nehmen getraute, hat er es ausgewickelt und mir in den Mund gesteckt. Also mehr kann man in der Monarchie nicht verlangen, als daß der Kaiser einen Buben so auszeichnet."

Jahrzehnte später ist er mit André Heller in einem Taxi am Schloß Schönbrunn vorbeigefahren und hat von dieser Kaiser-Begegnung erzählt. Heller hat natürlich behauptet, daß es sich um ein Heller-Zuckerl gehandelt haben muß.

Eines Tages fanden meine Frau und ich ein Photo vom Kaiser in der typischen V.M.-Schreibtischhaltung und pickten es auf ein Matejka-Photo, auf dem er ganz genauso wie der Kaiser am Schreibtisch sitzt. Wir rahmten es schönbrunnerisch und schickten es ihm. V.M. bedankte sich herzlich für das „historische Photo“ und schrieb uns: „Franz Joseph I. wird mich zwar vielleicht um große Zeiträume posthumisch überleben, aber durch Eure ebenso sinnige wie originelle Montage habe ich vielleicht auch eine Chance zu längerem Adabeisein. Jedenfalls habt Ihr mir was zum Lachen geschickt und außerdem wieder einmal bewiesen, wie sich Eure schöpferischen Fähigkeiten austoben können.“

Auch in Situationen, in denen manchen der Sinn für Humor abhanden kommt, blieb er ganz er selbst. Im Wilhelminenspital, wo er nach mehreren schweren Operationen das erste Mitagessen zu sich nahm, wurde er von einem Krankenpfleger gefragt: „Möchten Sie Brot oder sowas...?“ Und V.M. fast schelmisch lächelnd: „Es wäre ja interessant zu erfahren, was mit ‚oder sowas‘ gemeint ist.“

Und zu seiner Frau, die sich über etwas geärgert hatte, sagte er ganz zärtlich „Ich möcht’ so gern dein Blitzableiter sein!“ An die Herumstehenden wandte er sich im nächsten Augenblick mit dem Vorschlag: „Na, das wär’ doch ein brauchbarer Schlagertitel: Laß mich dein Blitzableiter sein!“

Wenn von seinem Lebenswerk nichts weiter übrig bliebe als die folgenden beiden bombastischen Aussagen („bombatisch“ hätte ihm sicherlich mißfallen!) – so wäre es sehr, sehr viel:

„Für mich beginnt der Mord beim Verschlucken einer Silbe.“ und „Wer verzweifelt, hat das irgendwo gelernt!“

Fritz Eckhardt
Ein seltener Freund

Das war Viktor Matejka in jeder Beziehung. Erstens war er ein seltener Mensch, den Freund zu nennen Freude und Ehre war. Und was unsere Freundschaft anlangt, so haben wir uns sehr selten gesehen und je älter wir wurden, umso seltener.

Ich lernte ihn 1945 als Stadtrat für Kultur und Volksbildung kennen. Und zwar, wie es bei ihm üblich war, ohne Formalitäten, ohne Anmeldung, große Begrüßung. Er saß mit einem zweiten Herrn auf dem Fußboden und rief: „Kommen S' nur herein, das ist ein Malermeister, Herr Boeckl!" So lernte ich beide kennen. Und Viktor hatte mich im Sturm erobert. Er wurde dann mein (unser) Trauzeuge. Am 5. August 1945. Er hatte als einer der ganz wenigen Funktionäre ein Auto und stellte uns dieses für die Trauung zur Verfügung. Noch wichtiger und großzügiger war ein halbes Kilo Kaffee, damals ein Geschenk, das nur ein so großzügiger Mensch wie er zu einer simplen Hochzeit verschenkte und das von unschätzbarem Wert war. Jahrzehnte später wurde er im Rathaus für irgendetwas geehrt und gefeiert. Aufgefordert, ihn nach Vergangenem zu fragen, stellte ich die Frage: „Kannst du dich noch erinnern, daß du mir zu meiner Hochzeit ein Kilo Kaffee geschenkt hast?" Darauf er prompt: „Es war nur ein halbes!" – Jahre vorher hatte ich ihn zufällig auf der Josefstädterstraße getroffen, und er hatte mich mit den Worten begrüßt: „Wir sind natürlich schon lange ‚per Du'!" Leider sahen wir uns immer seltener, aber wenn wir uns trafen, war die alte Herzlichkeit ohne Umschweife da. Einmal besuchte er uns mit seiner lieben Frau – die ich schon aus der gemeinsamen Rathauszeit kannte und schätzte – in unserem neugebauten Haus in Klosterneuburg. Und das war's dann auch.

Bei seiner 90. Geburtstagsfeier im Rathaus trafen wir

uns das letzte Mal. – Nach einer ausgedehnten Laudatio seiner Ärzte, wandte er sich seinen Freunden zu, und ich war richtig stolz, als er ausrief: „Der Fritzl! Der war auch immer voll Ideen! Ein seltener Freund!“

Georg Eisler
Aus der Erinnerung

Schon wenige Tage nach meiner Heimkehr aus England lernte ich Viktor Matejka in seinem Büro im Rathaus kennen. Er sah damals ganz anders aus, als ich ihn später kannte; in einem sehr seriös wirkenden Anzug, der allerdings nicht so gut paßte (aus einer Kleiderspende, wie er viel später erzählte), das volle Haar glatt zurückgekämmt, glich er äußerlich der Vorstellung, die ich mir von einem hohen Funktionär der Stadt Wien gemacht hatte. Sein Büro kam mir überdimensional groß vor. Aus den Fenstern sah man auf den Rathauspark und das schwer beschädigte, erst neun Jahre später wiedereröffnete Burgtheater. Von der Einrichtung des Büros war wenig zu sehen. Bilder, Zeichnungen, Plastiken lagen auf dem Boden und waren an Sessel gelehnt. Ein Berg Bücher und Manuskripte bedeckte den Schreibtisch des Stadtrats. Ein starker erster Eindruck war auch Matejkas sonore Stimme; ich sollte sie, unverändert, noch Jahrzehnte lang hören.

Sein Enthusiasmus für bildende Kunst und vor allem für Künstler manifestierte sich in seiner Hilfsbereitschaft in dieser Zeit des großen Mangels und Hungers. Er verschaffte Farben und Kleider – Aufträge gab es damals noch nicht –, veranstaltete kleine Ausstellungen in den Gängen, die zu seinem Büro führten, unterstützte Künstlervereinigungen.

Seine persönliche Leidenschaft galt dem Porträt, genauer gesagt, seinem Porträt. Wer immer einen Pinsel oder Bleistift halten konnte, mußte Viktor Matejka abbilden. Was mich betrifft, so habe ich neben mehreren Zeichnungen zwei Ölbilder von ihm gemalt, die in die gewaltige Matejkaporträtsammlung aufgenommen wurden (natürlich geschenkt, wie alle anderen). Seine sehr, sehr große Porträtsammlung sollte bald katalogisiert werden. Es ließe sich bestimmt eine eigenartige Morphologie des Porträts in Wien nach 1945 demonstrieren.

Matejkas Liebe zur Kunst kannte keine Grenzen. Es gab keine politischen, schon gar keine parteipolitischen, Vorlieben, auch erstaunlich wenig Sinn für Differenzierung und, ehrlich gesagt, öfter auch für Qualität. – Im Gespräch mit Künstlern redete er fast immer über andere Künstler, was den jeweiligen Gesprächspartner oft sehr irritiert hat. In seinen Bemühungen, die aus Österrreich Emigrierten (nicht nur die Künstler) wieder in ihre alte Heimat zurückzuholen, blieb Matejka allein und ungehört. Dies galt besonders für seinen Versuch, Oskar Kokoschka nach Wien zu berufen. Für die Emigranten galt in den Regierungsparteien lange, bevor dieser Ausdruck geläufig wurde, die Praxis der Ausgrenzung.

V.M. war nicht nur Kulturpolitiker, er war – und dies in der Zeit des kältesten Krieges – auch Politiker, noch dazu ein kommunistischer. Ob er, wie später behauptet wurde (auch von ihm selbst), immer ein politischer Außenseiter war, kann ich schwer beurteilen. Als Mitglied des Zentralkomitees der KPÖ war er jedenfalls kollektiven Anfeindungen ausgesetzt und natürlich nicht bereit, seine im Konzentrationslager entstandenen Überzeugungen der Opportunität zu opfern. Überhaupt hörte ich ehemalige KZ-Häftlinge immer mit großer Sympathie und Dankbarkeit von Matejka sprechen. Anderseits, und auch dies scheint mir ein Aspekt seiner Persönlichkeit zu sein, konnte er Feindschaften erhalten und pflegen und kräftig, dabei durchaus nicht immer gerecht (ein Beispiel sei der lange über dessen Tod reichende Haß auf Ernst Fischer), schimpfen. Um diese Feindschaft über das Grab hinaus zu nähren, konnten Fakten verzerrt oder sogar verändert werden.

Es wäre bestimmt lohnend, sich näher mit Matejka als Chefredakteur des „Tagebuch“ zu befassen. In dieser mehrere Jahre dauernden Phase gab es Polemiken, die für die Wiener Nachkriegsgeschichtsschreibung sehr interessant wären; etwa über den von Matejka als besonders häßlich erkannten Großbau gegenüber der Oper – „Heinrichshof, mir graut vor dir!“ – oder über die Museums- und Ausstellungspraxis. Was immer er schrieb, es war immer lesenswert und nie langweilig.

Auch in seinen späteren Jahren war V.M. immer präsent; niemand konnte ihn übersehen. Seine Monologe, auch in den Medien, wurden Legende. Manchmal konnte man sich auch kräftig ärgern. Er blieb sich und damit uns allen treu. Ein bunter Vogel – er war es mühelos. Und noch viel mehr. Wir werden seinesgleichen nicht wieder sehen.

Herbert Exenberger
Bibliothekar im KZ Dachau

Erkundigungen über die österreichische Arbeiterliteratur haben mich das erste Mal zu Dr. Viktor Matejka geführt. Über seine sofortige, bereitwillige Gesprächsbereitschaft freute ich mich, da mir ja seine Unterstützung für österreichische Arbeiterschriftsteller bekannt war. So hatte er zum Beispiel im Sommer 1935 Lesungen von Benedikt Fantner, Hans Winterl, Rudolf Feldmayer, Willy Miksch, Fritz Bartl und anderen im Arbeiterstrandbad Alte Donau organisiert oder gemeinsam mit Otto Spranger und Anton Forcher im April 1936 die Gründung des Österreichischen Arbeiter-Schriftstellerverbandes initiiert. Seit dieser ersten Zusammenkunft entwickelte sich über Jahre eine Freundschaft, von der ich, etwa beim Ordnen seiner vielschichtigen Sammlungen, persönlich viel profitierte und die durch anregende Plaudereien mit Viktor eine zusätzliche Würze bekam. In dem Buch Nr. 2, „Anregung ist alles", widmete mir am 16. Mai 1991 Dr. Viktor Matejka die Zeilen: „Dieser bärig-bärtige Jungbrunnen gehört zu meinen erlebnisreichsten Freundschaften in meiner Endzeit." Als Bibliothekar des Dokumentationsarchivs des österreichischen Widerstandes interessierten mich auch seine Bildungsbemühungen und sein kulturelles Engagement im Konzentrationslager Dachau. Dieser Beitrag über den Häftlingsbibliothekar Viktor Matejka konnte nur durch seine Unterstützung und mit Hilfe seiner ehemaligen KZ-Kameraden entstehen.

Die kleine Freude ist die schönste Freude.
Das Herz kommt nie auf den toten Punkt,
wenn nicht zu große Freud' dazwischenfunkt.
Die größte Freude kennt ein wichtiges Gebot:
Die vielen kleinen Freunden bringen
ein langes Leben zum Gelingen.
Die großen Freuden sind der Freuden Tod.

Diese Gedanken über die kleinen Freuden in der Zeit des menschenverachtenden Nationalsozialismus, geschrieben von Viktor Matejka im Winter 1939/40 im Konzentrationslager Flossenbürg, zeigen deutlich den täglichen Überlebenskampf, das gegenseitige Rückenstärken von Häftlingen im Alltag eines KZs. Zu den kleinen Freuden zählten auch die Benutzung der Lagerbücherei, die Organisierung von Lesestoff und sei es nur ein Fetzen bedruckten Papiers.[1] Der mit dem ersten Transport von Österreich nach Dachau deportierte Paul Neurath meint dazu: „Ein Buch zu lesen war eine kolossale Anstrengung, und ich zumindest tat es im Versuch, die eigene Moral etwas zu stärken oder zu erhalten – mir selbst zu beweisen, daß ich mich mit etwas beschäftigen konnte, das nicht unmittelbar mit dem Lager zu tun hatte."[2] Während der österreichische Spanienkämpfer Karl Bauer über das Buch im KZ schrieb: „Die Bücher hatten für mich in Dachau den Wert, daß ich viele Stunden das Lager vergessen und mein Wissen bezüglich Literatur erweitern konnte."[3], sah der katholische österreichische Widerstandskämpfer Hermann Lein seine Lesesehnsucht so: „Bücher, Zeitschriften und Zeitungen haben für mich immer einen großen Stellenwert gehabt. Dieser hat sich in der Isolierung des Gefängnisses und des Konzentrationslagers unglaublich gesteigert. In der geistigen Isolierung des Blocks 15 hat viele von uns allein schon die Technik des Lesens fasziniert. Wir haben das Zeitungspapier, das wir klein zerstückelt auf dem Klo vorfanden, gelesen. Und das ergab in den meisten Fällen überhaupt keinen Sinn, es ging nur um das Vergnügen des Buchstabenlesens."[4]

Die Genehmigung der Einrichtung von Häftlingsbüchereien in einigen Konzentrationslagern geht in erster Linie wohl auf die seit langem bestehende Praxis von Bücherentlehnungen in Gefängnissen zurück. So existiert die Bibliothek im Wiener „Grauen Haus" seit 1860. In den Vorstellungen der nationalsozialistischen Lagerführung spielte sicher auch die „Erziehungsarbeit“ im Sinne der NS-Ideologie eine gewisse Rolle. Bereits im April 1934 heißt es in einem Bericht einer NS-Zeitung dazu: „Dachau ist eine große, wundervoll organisierte Erziehungsanstalt für Ordung und Disziplin.“ [5] Auf meine Frage betreffend die Absicht der SS, Häftlinge in KZs „politisch umzuerziehen“, erhielt ich von ehemaligen österreichischen Häftlingen des KZs Dachau recht unterschiedliche Antworten. Zunächst gibt es Vertreter dieser „Umerziehungsidee“, wenn auch mit Einschränkungen. Alfred Maleta: „Natürlich wollte die SS politisch umerziehen, deshalb konnte man ja die gesamte NS-Literatur, zum Beispiel Hitler, Rosenberg, aber auch die Vorläufer der NS-Bewegung, dort erhalten. Aber es gab aufgrund der sagenhaften Dummheit der Betreuer die tollsten Anti-Hitler-Bücher.“ [6] Viktor Matejka: „Sicherlich sollte von der SS aus die Bücherei der politischen Umerziehung dienen. In der Praxis stellte sich jedoch heraus, daß Bücher von Hitler, Rosenberg und dergleichen relativ wenig ausgeliehen wurden. Soviel mir bekannt, verlangte die SS keine Statistik.“ [7]

Andere verneinten die Idee einer „Umerziehung“. Alois Peter bzw. Bruno Furch: „Die SS versuchte nicht, Häftlinge politisch umzuerziehen. Die Bücherei spielte dabei keine Rolle.“ [8] „Von der angeblichen Umerziehungsaufgabe der Bücherei halte ich wenig, weil die SS die Kommunisten, die Sozialdemokraten und andere ‚Krypto- oder Salonbolschewisten‘ als rassisch minderwertig, als ‚Unmenschen‘ und darum als nicht ‚umerziehungswürdig‘ betrachtete.“ [9]

Sicherlich diente die Lagerbücherei der SS auch als Alibi für Besucher. Und Besuch gab es sowohl von seiten höherer SS-Führer, ausländischer Potentaten, norwegischer SS unter Quislings Führung oder der SS-Junkerschule Bad Tölz. „Zweifellos diente sie als ‚Beweis‘ für die ‚Humanität‘ des KZ-Systems, wenn die Besucher etwa vom Roten Kreuz waren.“ erinnert sich Bruno Furch. [10]

Matejka erklärte zu dieser möglichen Alibifunktion der Bücherei kurz und bündig: „Es ist wurscht, ob die Lagerbücherei von der SS her eine Alibifunktion für Besucher hatte. Wesentlich ist, was die Häftlinge, im besonderen die Büchereileitung, aus der Bücherei machten."[11]

Einer, der in diesem KZ als Vermittler zwischen Buch und Leser eine wesentliche kulturelle und menschliche Tätigkeit entfaltete, war Viktor Matejka in seiner Funktion als Häftlingsbibliothekar.[12] Für diese kulturpolitische Arbeit konnte er auf seine vielfältigen volksbildnerischen Aktivitäten vor 1938 zurückgreifen. Neben zahlreichen Vorträgen an den Wiener Volkshochschulen – so hatte er etwa im Winterhalbjahr 1929/30 in der Volkshochschule Simmering über „Rußland und die slawischen Länder"[13] referiert – hatte er nach der brutalen Zerschlagung der österreichischen Sozialdemokratie durch die Austrofaschisten im Februar 1934 als Obmann der Volkshochschule Wien-Volksheim oder als Bildungsreferent in der Arbeiterkammer versucht, kulturelle Arbeitsorganisationen weiterzuführen. Dabei hatte es nicht nur Lob für die Arbeit Viktor Matejkas gegeben, sondern auch Angriffe von austrofaschistischer Seite wie auch von der in den Untergrund gedrängten Arbeiterbewegung. Immer wieder hat in seinen Bildungs- und Kulturbestrebungen das gedruckte Wort einen zentralen Stellenwert eingenommen.

Auch gegen die „Sicherungsarbeit" in den Wiener Arbeiterbüchereien im Sommer 1936 – die ausgeschiedenen Bücher, schätzungsweise an die 20.000 Bände, landeten in einem Magazin – hatte Matejka seine Stimme erhoben. Aus der illegalen Zeitung der freigewerkschaftlichen Jugendsektionen Österreichs: „Dr. Matejka trat offen gegen diese europäische Kulturschande auf. Er wetterte – wie seinerzeit, als in Berlin die Bücherhaufen brannten, die österreichische Presse geschimpft hatte –, übersah aber große staatspolitische Ereignisse. Er vergaß, daß am 11. Juli das österreichische Volk an Mussolini-Italien und Hitler-Deutschland verkauft wurde, daß von nun an der Bolschewismus und mit ihm alles, was nicht faschistisch ist, auszurotten sei. Das wurde ihm zum Verhängnis. Der Herr Bürgermeister versucht mit allen Mitteln, ihn nun auch aus dem Bildungsreferat des Gewerkschaftsbundes zu entfernen. In einer kürzlich stattgefundenen Aussprache wurde Matejka aufgefordert zurückzutreten. Wie beim Kuhhandel üblich, boten sie ihm einen Posten an, um – wie sie sagten – eine materielle Schädigung zu vermeiden. Zur Ehre Matejkas sei es gesagt, daß er unter scharfem Protest diese Anträge zurückwies. Doch die Intrigen gegen ihn werden fortgesetzt, und Matejka wird ihnen, den schwarzen Geiern der Lüge, der Kulturschande, zum Opfer fallen." [14] Viktor Matejka, über den in der NS-Zeitung „Deutscher Telegraf" [15] vom 31. Mai 1938 Kübel voller Diffamierungen („christlicher Bolschewik" u.a.) wegen seiner Bildungsarbeit und seiner freundschaftlichen Kontakte zu Juden vergossen wurden, war als Angehöriger des sogenannten Prominententransports vom 1. April 1938 zu diesem Zeitpunkt schon zwei Monate Häftling im KZ Dachau.

Im Herbst 1933 konnten Häftlinge im KZ Dachau eine Lagerbücherei unter der Leitung des inhaftierten Zeitungsverlegers Heinrich Bergmann aus Rosenheim in Betrieb nehmen.[16] Den Grundbestand bildete eine Spende des katholischen Pfarrers aus Dachau. Über diese Bücherspende urteilte der seit 1933 in Dachau inhaftierte Karl Röder aus Nürnberg: „Es hat in der Dachauer Gefängnisbibliothek nur so Schwarteln gegeben, ausgeschiedene Missionstraktätchen und ähnliches. Das war für uns eigentlich ohne Wert." [17] Daneben gab es einschlägige NS-Schriften, wie etwa Hitlers „Mein Kampf", der in fünfzig Exemplaren eingestellt wurde. Die an der Lagerbücherei interessierten Häftlinge fanden jedoch Möglichkeiten, sich mit wertvoller geistiger Nahrung zu versorgen. Die erste Bereicherung erfuhr die Bibliothek durch geschmuggelte Bücher aus der Effektenkammer. Eine unter den Häftlingen durchgeführte Geldsammlung für den Ankauf von Büchern ermöglichte etwa 1936/37 eine weitere Ergänzung des Bestandes. Über die damit verbundene moralische Stärkung der Häftlinge meinte Karl Röder, „daß das alles auch insofern wichtig war, weil das ja die Widerstandskraft im Lager gewaltig gehoben hat. Vom Standpunkt der SS durften wir ja keine denkenden Wesen sein. Das war für sie die größte Gefahr. Gegen die physische Vernichtung konnten wir nichts tun, aber gegen die psychische Vernichtung konnten wir etwas machen, und das war der Sinn und Zweck unserer Unternehmungen.“ [18]

Im KZ Dachau erhielt nun Viktor Matejka eine „bibliothekarische Schulung“, um mit anderen Häftlingen unter dem 1. Schutzhaftlagerführer in Dachau, SS-Hauptsturmführer Egon Zill, das KZ Natzweiler aufzubauen. Da jedoch Egon Zill zunächst Kommandant des SS-Sonderlagers Hinzert wurde, blieb Matejka unter der Leitung des Häftlingskapos Roman Gebler in der Dachauer Lagerbibliothek. Über Matejkas Tätigkeit als Bibliothekar liegen einige Zeugnisse von Dachauer Häftlingen vor. So meinte der österreichische Spanienkämpfer Hans Landauer, wäre nur der zu den Entlehnern immer unwirsche Kurt Schumacher am Schalter gewesen, hätte sicherlich so mancher Häftling die Bibliothek nicht aufgesucht. Gerade das Gegenteil war Viktor Matejka.[19] In der Autobiographie von Karl Adolph Gross heißt es: „Daß ich dennoch endlich, endlich Verbindung mit meinen besten Freunden, den Büchern, bekam, verdanke ich dem Bücherfreund Viktor. Unter seinem Beistand durfte ich es wagen, zur Bücherei zu schreiten.“ [20] Karl Röder erinnerte sich: „Der Matejka ist zu den Leuten jeden Abend mit einem Riesenpaket Bücher in die Baracke gekommen und hat sie dort zum Lesen verteilt, damit die Leute nicht noch Zeit beim Anstellen verlieren. Das hat nur der Matejka gemacht, das war eine seiner großen Leistungen.“ [21] Verhältnismäßig glimpflich ging eine offensichtliche Vernaderung bei der SS über die Ausleihung von Büchern an Häftlinge nach den Entlehnzeiten aus. SS-Schutzhaftlagerführer Franz-Johann Hofmann brüllte Viktor Matejka zusammen, beließ es aber bei der Drohung „I hau di in die Soachrinnan." (Pißrinne)[22]

Eine illegale Erweiterung beträchtlichen Ausmaßes erfuhr der Bestand der Bücherei in der Zeit Matejkas durch die waggonweise Abstellung von Büchern aus konfiszierten jüdischen Privatbibliotheken. Zur „Sicherungsarbeit" von siebzehntausend Bänden, die nach NS-Grundsätzen für die SS-eigene Bücherei ausgesucht, der Rest aber vernichtet werden sollte, wurde ein dilettierend Cello spielender SS-Sturmführer eingesetzt. Offenbar schien er dadurch auch für Literaturfragen zuständig zu sein. Unterstützung fand dieser SS-Mann durch ein qualifiziertes Häftlingskommando, dem auch der spätere Häftlingsbibliothekar Franz Kurt Sperk aus Wien angehörte. Über diese wertvollen Bücher, darunter Werke von Arthur Schnitzler und Karl Kraus, etwa „Die letzten Tage der Menschheit", berichtet Karl Röder: „Unsere Zähne sind immer länger geworden. Was machen wir, daß wir zu diesen Büchern kommen? Da bin ich auf die Idee gekommen: Wir nehmen die Bücher, auf die wir Wert legen, und machen sie ein bißchen kaputt. Wenn das Häftlingskommando am Jourhaus kontrolliert wird, soll es sagen: ‚Das sind wertvolle Bücher, die wir reparieren müssen.' In Dachau hat es ja eine Buchbinderei gegeben... Ein paar Tage später sollten sie ebensoviele Bücher zum Beispiel Rosenbergs ‚Mythos des 20. Jahrhunderts' oder Hitlers ‚Mein Kampf' wieder mithinausnehmen. Es ging so einige Wochen. Da kamen fast täglich Pakete von wertvollsten Büchern ins Lager. Die haben wir zunächst, weil es ja gefährlich war, zirkulieren lassen. Aber da die ja so blöd waren, so ahnungslos, haben wir sogar einige von diesen Büchern richtig in die Bibliothek aufgenommen und katalogisiert."[23]

Und Viktor Matejka zeigt die gewaltigen Probleme des

Einbaues von Karl Kraus in die Lagerbücherei. „Wie nun ‚Die letzten Tage der Menschheit' für die Hölle im KZ Dachau bibliotheksgerecht verwandeln? So könnte ‚Tage der Menschheit' genügen. Die ‚letzten Tage' würden zweifellos, im Falle einer Entdeckung des Buches, auf bevorstehende letzte Züge des Dritten Reiches, wie lange es auch noch bestehen mochte, hinweisen. Unsere Überlegungen gingen kreuz und quer. Schließlich setzte sich die Meinung durch, es sei am wenigsten mit Gefahren verbunden, würde das Buch zwar in der Bücherei möglichst verdeckt deponiert, aber nur besonders vertrauenswürdigen Lagerinsassen geliehen."[24]

Häftlinge konnten sich von ihren Angehörigen Bücher ins Lager schicken lassen. Matejka bat etwa seine Frau in einem Brief vom 9. August 1943 um die Zusendung des „Kirbisch" von Anton Wildgans.[25] Hans Landauer ließ sich von seiner Mutter die Spanische Konversations-Grammatik zu Schul- und Privatunterricht von Carl Marquard Sauer und Heinrich Ruppert senden. Die Buchsendungen mußten zunächst in die Lagerbücherei eingereiht und katalogisiert werden, ehe sie dann als Dauerentlehnungen von den betroffenen Häftlingen angefordert werden konnten.[26] Verschiedene Bandkataloge lagen für die Häftlinge im Vorraum der Lagerbücherei auf. Die Ausleihe erfolgte durch Schalterbedienung der Häftlingsbibliothekare. Eigene „Bücher-Ausweise", unterzeichnet von den Blockältesten, ermöglichten die Bibliotheksbenützung, obwohl Buchentlehnung auch ohne diese möglich war. So besaß Karl Röder nie einen derartigen Ausweis. Wie Viktor Matejka meinte, konnten nur die auf den Isolierblocks befindlichen Häftlinge die Lagerbücherei nicht benützen. Dadurch wurde von der SS noch eine zusätzliche Bestrafung erreicht.[27]

Eine Fragebogenaktion unter ehemaligen österreichischen Häftlingen über die Lagerbüchereien[28] ergab eine große Themenvielfalt der entliehenen Bücher. Der Bogen spannte sich von literarischen Werken deutscher und ausländischer Schriftsteller über Reiseberichte, Bergsteigeerlebnisse, fremdsprachige Werke bis zu diversen Sach- und Lehrbüchern. Der österreichische Jesuitenpater Johann Maria Lenz beschäftigte sich beispielsweise zwei Monate hindurch in seiner „Freizeit" mit Dantes „Göttlicher Komödie" [29], und Alfons Gorbach besorgte sich aus der Lagerbücherei einschlägige Werke, um die Trostlosigkeit des Weihnachsfestes im KZ für seine Mithäftlinge ein wenig vergessen zu machen.[30]

Um Informationen in Zeitschriften und Zeitungen für die tägliche Arbeit in der Lagerbücherei besser verwerten zu können und außerdem eine Art Nachschlagewerk zu haben, legte sich Viktor Matejka in Dachau eine kommentierte Bibliographie mit Titeln, Erscheinungsvermerken, Preisen, Zitaten aus Verlagsankündigungen oder aus Rezensionen und mit anderen Hinweisen in mehreren Heften an. Erhalten geblieben sind drei Hefte. Ein weiteres Heft mit bibliographischen Angaben informiert über Publikationen der Sachbereiche: Naturheilkunde und Naturwissenschaft, Technik – Forschung und Facharbeit, Philosophie – Psychologie – Pädagogik, Literaturwissenschaft (Philologie), Sprachpflege, Fremdsprachen, Biographien, Heimatkunde, Alpinistik, Sport, Geographie (Ausland/Reisen) – Geopolitik, Geschichte, Bildende Kunst – Darstellende Kunst – Musik, Wirtschaft (Wirtschaftslehre, Wirtschaftspolitik), Recht, Krieg ab 1939, Nachschlagewerke – Atlanten – Anthologien, Krankenpflege, Diverse.

Laut Schutzhaftlager-Befehl Nr. 4/42 vom 17. März 1942 durften Häftlinge eine amtliche Tageszeitung aus ihrem Heimatbezirk beziehen.[31] Das stieß bei den Häftlingen auf ein gewisses Interesse. Es scheinen Bestellungen mehrerer NS-Kulturzeitschriften durch Viktor Matejka in den Briefen an seine Frau Gerda Matejka-Felden auf.[32] So wie er schon seit seiner Mittelschulzeit Zeitungsausschnitte gesammelt und nach bestimmten Kriterien geordnet hatte, bemühte sich Matejka auch im KZ Dachau um die Anlegung einer Ausschnittesammlung. Durch die Unterstützung der österreichischen Häftlinge Alois Peter und Bruno Furch, die im Arbeitskommando „Buchbinderei" werkten, formten sich die geordneten und aufgeklebten Ausschnitte Matejkas allmählich zu Büchern. „Loisl und Bruno sorgten nicht nur für eine absolute Bindfestigkeit, die bis zum heutigen Tag hält", erinnert sich Matejka, „sondern auch für einen steifen, mit Farbkleisterpapier überzogenen Karton. An der Auswahl für die Pickbücher, wie überhaupt an die ‚Literaturverwertungsbeschäftigung' im Lager, war von Anfang an mein Freund Karl Röder wesentlich beteiligt."[33]

Viktor Matejka und seine Freunde prüften und sichteten die ihnen zur Verfügung stehenden Zeitungen und Zeitschriften nach literarischen Texten, die mit der NS-Ideologie nicht konform gingen bzw. eine innere Emigration des Autors erahnen ließen. Wir finden so in den Pickbüchern Gedichte von Hermann Hesse, Texte von Stefan Andres und des Weggefährten von Karl Kraus, Sigismund von Radecki. Dem Pickbuch mit dem Titel „Kleine Kunstphilosophie. Bausteine zu einer größeren" – mit Ausschnitten der Kunstkritiker Jörg Lampe, Fritz Nemitz und anderer Autoren – wurde auf dem Titelblatt noch der Hinweis mitgegeben, daß dieses Buch „kein Hand- oder Lehrbuch, sondern ein Lesebuch" sei. Als typisches Beispiel für die Bemühungen Matejkas, politische Bildung aus dem Widerspruch zu betreiben, ist das in zwei Teilen angelegte Pickbuch „Vom Leben des Buches – Vom Buch zum Leben" anzusehen. Darin finden wir in einem Zeitungsartikel „Betrachtungen über das Buch" eines Hans Frank erstaunliche Sätze, die zum Widerspruch zur nazistischen Kulturauffassung anregen: „Es hat ohne Zweifel eine Zeit gegeben, da man in Deutschland die Bedeutung des Buches überschätzte." Seine Schlußfolgerungen: „Mit der allgemeinen Wandlung der Dinge ist auch darin ein Wandel eingetreten. Die Gefahr der Überschätzung des Buches besteht nicht mehr.

Der Geist ist in seine Schranken gewiesen." Einige der Pickbücher Matejkas waren direkt in den Bestand der Dachauer Lagerbücherei eingereiht. Neben Viktor Matejka gab es noch andere österreichische Häftlinge, die in der Lagerbücherei tätig waren. Erinnert sei hier an die beiden katholischen Priester Josef Stangl und Josef Wallouschek, die als Bibliotheksgehilfen arbeiteten, und vor allem an Franz Kurt Sperk, der schon bei der illegalen Buchbeschaffung erwähnt wurde. Bereits vor 1938 war Sperk neben seiner beruflichen Tätigkeit als Schriftsteller in Erscheinung getreten. Er war für seine Gedichte „Ein Stiller" und „Die Neider", veröffentlicht in der „Arbeiter-Zeitung", mit dem Alfons-Petzold-Preis ausgezeichnet worden.[34]

Die tausende Bücher umfassende KZ-Bibliothek Dachau – Johannes Maria Lenz schätzte sie auf 18.000 Bände[35] – verglich Franz Kurt Sperk nach der Befreiung vom nazistischen Terror mit einem Fronleichnamsaltar: „Die befreiten Häftlinge stürzen sich auf die Bücher, und jeder nahm sich ein Andenken mit, wie wenn es um die geweihten Laubzweige nach einer kultischen Feier gegangen wäre."[36] Ganz zutreffen kann diese Behauptung Sperks nicht, denn KZ-Häftlinge machten im Mai 1945 den Vorschlag, zur kulturellen Betreuung von Häftlingen auch die Bestände der Häftlingsbücherei heranzuziehen.[37] Und der österreichische Nationalsozialist Alfred E. Frauenfeld zeigte sich anläßlich seiner Internierung verwundert, „daß das Konzentrationslager Dachau eine Bibliothek hatte, die inhaltsreicher und besser bestückt war als manche städtische Bibliothek einer deutschen Kleinstadt."[38] Der Nationalsozialist Frauenfeld konnte oder wollte nicht wissen, unter welchem enormen Einsatz die Literaturbeschaffung im KZ zustande gekommen war, die stets eine lebensbedrohende Gratwanderung für die damit betrauten Häftlinge bedeutet hatte. Viktor Matejka hat dazu einen wesentlichen Beitrag geleistet. „Die Lagerbücherei gehörte auf jeden Fall zu den segensreichsten

Einrichtungen im KZ. Auch die rücksichtsloseste Zensur und Bücherverbrennung im Dritten Reich konnte die Bücherei im KZ Dachau nicht so sterilisieren und kastrieren, daß sie zu absoluter Unfruchtbarkeit verurteilt gewesen wäre." stellte Viktor Matejka fest.[39]

Ein Teil dieses Beitrages wurde in der Zeitschrift „Laurentius – von Menschen, Büchern und Bibliotheken", Heft 2, 1992 veröffentlicht.

[1] Die Hälftlingsbüchereien und das Leseverhalten in den Konzentrationslagern sind in der jüngsten Zeit durch Beiträge in Zeitschriften, etwa von Rolf D. Krause, Kornelia Richter, Torsten Seela oder Andrea Reiter und durch eigene Publikationen Gegenstand wissenschaftlicher Untersuchung geworden. Vgl. Torsten Seela, Lesen und Literaturbenutzung in den Konzentrationslagern. Das gedruckte Wort im antifaschistischen Kampf der Häftlinge, Diss., Berlin 1990; Bücher und Bibliotheken in Ghettos und Lagern (1933–1945). Mit Beitr. von Rolf D. Krause, Torsten Seela, Kornelia Richter, David Shavit, Maria Kühn-Ludewig, Dina Abramowicz, Hannover 1991 (Kleine historische Reihe der Zeitschrift Laurentius, Bd. 3). In den „Dachauer Heften", Nr. 7, November 1991. S 34–36, veröffentlichte Torsten Seela einen Beitrag über „Die Lagerbücherei im KZ Dachau". Wertvolle Hilfe und Informationen für diesen Beitrag erhielt ich von ehemaligen österreichischen Häftlingen des KZ Dachau, von Karl Röder, den Mitarbeiterinnen der KZ-Gedenkstätte Dachau sowie Hans-Günther Richardi und Torsten Seela.

[2] Antwort von Paul Neurath auf meine Fragebogenaktion, 6.11.1989. Über die Häftlingsbüchereien führte ich eine Fragebogenaktion unter ehemaligen österreichischen Häftlingen in Konzentrationslagern, Gefängnissen und Ghettos durch. Die konkreten Fragen neben den biographischen Angaben lauteten: Wann hattest Du den ersten Kontakt mit der Lagerbibliothek? An welchen Tagen bzw. Stunden konnte man sich Bücher ausleihen? Welche Bücher aus der Lagerbibliothek hast Du gelesen? Welche Häftlingsgruppen konnten die Lagerbibliothek benützen? Gab es außer deutschsprachigen Büchern auch fremdsprachige Werke? Gab es in den Außenkommandos eigene Lagerbibliotheken? Welche Angehörige des Kommandos Bücherei/Buchbinderei kennst Du? Kannst Du etwas über die Beschaffung von Büchern für die Lagerbibliothek sagen? Wurden den Häftlingen von der SS Geldsummen erpreßt, um damit Bücher für die Lagerbibliothek kaufen zu können? Was meinst Du zu der Behauptung, die Lagerbibliothek sei von der SS als Alibifunktion für eventuelle Besucher aufgebaut worden? Die SS propagierte zunächst den Gedanken, die Antifaschisten in den Konzentrationslagern „politisch umzuerziehen". Spiel-

te dabei die Lagerbibliothek eine Rolle? Mußte ausgesprochene NS-Literatur, z.B. Hitler, Rosenberg u.a. für die Lagerbibliothek angeschafft werden? Was geschah mit den Buchbeständen der Lagerbibliothek nach der Befreiung? Welchen Stellenwert hatten für Dich Bücher, Zeitschriften, Zeitungen ect. im Konzentrationslager? – Antworten erhielt ich über die Büchereien und das Leseverhalten in Aichach, Buchenwald, Dachau, Garsten, LG Wien, Ravensbrück, Theresienstadt, Wöllersdorf.

[3] Karl Bauer, Fragebogenaktion, 5.4.1989

[4] Hermann Lein, Fragebogenaktion 24.3.1989

[5] Sonntag Morgenpost, Nr. 15, 18.4.1934

[6] Alfred Maleta, Fragebogenaktion, 6.2.1987

[7] Viktor Matejka, Fragebogenaktion, 20.2.1987

[8] Alois Peter, Fragebogenaktion, 19.11.1988

[9] Bruno Furch, Fragebogenaktion, 11.10.1986

[10] Ebenda

[11] Viktor Matejka, Fragebogenaktion, 20.2.1987

[12] Siehe dazu Viktor Matejka, Widerstand ist alles. Notizen eines Unorthodoxen. Wien 1984; Viktor Matejka, Anregung ist alles. Das Buch Nr. 2. Wien 1991; Elisabeth M. Klamper, Viktor Matejka. Beiträge zu einer Biographie, Diss., Univ. Wien 1981.

[13] Herbert Exenberger, 65 Jahre Volkshochschule Simmering, in: Simmeringer Museumsblätter, Nr. 27, 1987

[14] DÖW-Bibliothek 4027b/7, Gewerkschaftsjugend. Organ der freigewerkschaftlichen Jugendsektion Österreichs, Nr. 3, Nov. 1936

[15] „Moskaus jüdische Emissäre in Wien", in: Deutscher Telegraf, 31.5.1938

[16] Hans-Günther Richardi, Schule der Gewalt. Das Konzentrationslager Dachau 1933–1934, München 1938.

[17] Gespräch des Verfassers mit Karl Röder, 15.6.1987

[18] Ebenda

[19] Hans Landauer, Fragebogenaktion, 17.2.1987

[20] Karl Adolph Gross, Zweitausend Jahre Dachau. Erlebnisse eines Christenmenschen unter Herrenmenschen und Herdenmenschen. München 1946.

[21] Gespräch des Verfassers mit Karl Röder, 15.6.1987

[22] Gespräch des Verfassers mit Viktor Matejka, 10.10.1991

[23] Gespräch des Verfassers mit Karl Röder, 15.6.1987. S. dazu Karl Röder, Nachtwache. 10 Jahre KZ Dachau und Flossenbürg. Wien 1985.

[24] Die simplen Dinge im KZ. Karl Kraus, in: Matejka, Wiederstand ist alles, S.89 ff.

[25] Die Briefe Viktor Matejkas aus dem KZ Dachau und dem KZ Flossenbürg, in: Klamper, Viktor Matejka, S 310ff.

[26] Hans Landauer nahm fünf Bände aus der Lagerbücherei Dachau nach seiner Befreiung mit nach Hause. Er übergab diese Bücher dem

Dokumententationsarchiv des österreichischen Widerstands (DÖW)

[27] Viktor Matejka, Fragebogenaktion, 20.2.1987

[28] Folgende Häftlinge berichteten anläßlich meiner Fragebogenaktion über die Lagerbücherei und das Leseverhalten im KZ Dachau: Peter Adolf, Karl Bauer, Stefan Billes, Leopold Bresnik, Hugo Ebner, Karl Flaner, Bruno Furch, Josef Gansch, Hans Gaparitsch, Albert Gerl, Ferdl Hackl, Karl Horak, Hans Landauer, Hermann Lein, Alfred Maleta, Viktor Matejka, Paul Neurath, Alois Peter, Wolfgang Ploderer, Ferdinand Pungartnig, Karl Röder, Otto Skitek, Josef Wallouschek und Franz Zahradka.

[29] Johann Maria Lenz, Christus in Dachau, Wien 1956.

[30] Edgar Kupfer-Koberwitz, Als Häftling in Dachau, Bonn 1956.

[31] KZ Museum Dachau 15.785

[32] Viktor Matejka ersuchte etwa in der Zeit vom 14.9.1941 bis 13.9.1942 in Briefen an seine Frau Gerda um die Zusendung von sechs verschiedenen Zeitschriften.

[33] „Wozu Pickbücher im KZ?“, in : Matejka, Widerstand ist alles. S. 108 ff. Siehe dazu Röder, Nachtwache, S. 286 ff.; Sebastian Winkler, Die Pickbücher – unbekannte Dokumente aus dem Konzentrationslager Dachau. Facharbeit, Schondorf 1986.

[34] Arbeiter-Zeitung, 21.1.1926

[35] Lenz, Christus in Dachau, S. 147

[36] DÖW-Bibliothek 10.339. Viktor Matejka. Die simplen Dinge im KZ. Lagerbücherei, Manuskript, 16.11.1975

[37] Robert Weinand, Stationen eines Lebens. Für Spaniens Freiheit/ Dachau und danach, Köln 1987.

[38] Alfred E. Frauenfeld. Und trage keine Reu'. Vom Wiener Gauleiter zum Generalkommissar der Krim, Leoni am Starnberger See 1978

[39] Matejka, Widerstand ist alles. S. 89.

Elisabeth Glück-Koller

Hähne, nichts als Hähne

Anläßlich einer Ausstellung aus seiner Hähne-Sammlung an den Wänden von Stiegen und Gängen der Künstlerischen Volkshochschule Wien, Lazarettgasse, im Winter 1974 entstand das folgende Interview mit Viktor Matejka. Der größte Teil dieses Berichts erschien unter dem Titel „Total verhahnt – die seltsame Sammlung des Dr. Viktor Matejka, eine kuriose Schau über ein kurioses Hobby" in der Zeitschrift „Wien aktuell", dem offiziellen Organ der Bundeshauptstadt, herausgegeben vom Presse- und Informationsdienst der Stadt Wien, Heft 47, Jahrgang 79, November 1974.

Die Hähnesammlung von Viktor Matejka, die an die 4.000 Objekte umfaßt und zwar vom Hahn-Ölbild und der Hahn-Graphik bis zum Kunsthandwerk aller Art und aller Techniken, Volkskunst, Plakat und Gebrauchsgraphik einschließlich Fotografie, wurde schon Jahre vor dem Tod Matejkas in die Obhut des Historischen Museums der Stadt Wien übergeben. Im Dachgeschoß der Hermesvilla im Lainzer Tiergarten, wo sie gelagert ist, wurde im Sommer 1993 in einer Art kleinen Gedenkausstellung eine Auswahl der Matejka-Hähne präsentiert. Dazu gestaltete man einen Teil des riesigen Dachbodens des Historismusbaues in einen hübschen Ausstellungsraum um.

Manche Leute haben einen Vogel, er hat einen Hahn – also auch einen Vogel? Nun, den hat er sicher nicht, dafür aber nicht nur einen, sondern viele Hähne: die größte, weil wohl einzige und zugleich einzigartige Hähnesammlung Österreichs.

„Warum haben Sie ausgerechnet den Hahn als Motiv Ihrer Sammlung gewählt?" fragen wir den graubärtigen Herrn, der da inmitten hunderter Hahnbilder und Hahn-Plastiken sein kurioses Zuhause hat. „Ich habe mich“, sagt Dr. Viktor Matejka, Wiens erster Kulturstadtrat nach 1945, „neben den vielen Dingen, mit denen ich mich beschäftige, auch mit Werbung befaßt. Da und dort begann ich, gute Plakate nach Hause zu tragen, und plötzlich war eine ganze Menge Hähne dabei. Der Hahn ist ein außerordentlich wirksames Tier für die gebrauchsgraphische Darstellung. Er spielt eine prominente Rolle, er wirbt, er kräht, so imposant er dasteht, für eine Sache, für Produktion und Konsumation, er kräht sozusagen für alles.“

Aus Matejkas ersten Werbe-Hähnen ist in den letzten 25 Jahren eine Sammlung von unzähligen und ungezählten Stücken geworden, die an Originalität kaum ihresgleichen findet. Da gibt es Hähne gemalt in Öl, Aquarell und Pastell, Hähne in allen Techniken der Graphik, Hähne aus Eisen, Bronze, Blech, aus Keramik, Porzellan und Stein, auf Krügen, Tellern, Vasen und in Aschenbechern; Hähne auf und aus Stoff wie auf Geschirr-, Hals- und Kopftüchern oder auf Küchenschürzen; Hähne aus Holz, Glas, Bast und Silberpapier, ja aus Schaumgummi und Styropor; Hähne gezeichnet von Kindern bis zum Greis, Hähne von Negern, Chinesen und anderen Leuten aus aller Herren Länder; karikierte und groteske, „Hahnmädchen“ mit Busen, Quietschhähnchen aus Gummi und solche aus Plastik, die schwimmen können. „Und welcher ist Ihr wertvollster Hahn?“ „Ich sammle keine Werte, weil sie belasten, aber ganz von allein ist da allerhand Wertvolles zusammengekommen, zum Beispiel einige Zeichnungen, die mir Oskar Kokoschka gewidmet hat: Ein Hahn verschlingt gerade einen geknoteten Strick.“ – „Der Gordische Knoten, nicht durchschlagen, sondern verschlucken muß man den“, schrieb der große OK für den Freund dazu.

Matejka: „Hahn-Graphik von Chagall und Lurcat sind auch recht schön, und einer der ersten Hähne der Sammlung ‚Hahn im Korb‘ stammt von dem wegweisenden österreichischen Künstler Edgar Jené.“

Viktor Matejkas Wohnung ist total verhahnt. Da sind Wände in barocker Manier vom Fußboden bis zum Plafond, und sogar an diesem selbst sind welche befestigt, mit Hahnenbildern vollgehängt. Hähne sitzen auf Kasten und Stellagen, Hahnplakate kleben an den Türen. Will man aus der Küche einen Teller holen und öffnet den Küchenschrank, stehen Hähne statt Geschirr darin und findet man einen Teller, ist auf ihm selbstverständlich ein Hahn darauf gemalt. Auf den Kacheln des Bades hat eine Künstlerin das Geflügel direkt an die Wand gezeichnet, darüber prangen verhahnte Keramikteller. Selbst das Klosett ist nicht verschont: „Ich will den Künstler, dessen Ölbild derzeit dort hängt, lieber nicht nennen", sagt der Sammler, „wer weiß, ob er Humor hat, er könnte vielleicht gekränkt sein"; ausnahmsweise ist dort ein toter, bereits gerupfter Hahn, den ein Hund gerade beschnüffelt, dargestellt.

Dr. Matejka hängt seine Bilder häufig um, gruppiert sie neu, läßt eine Reihe nach links, eine andere Hahnenreihe nach rechts marschieren, wie er überhaupt die Reihe, die Serie liebt, vom größten bis zum allerkleinsten hintereinander, etwa die prächtig-bunten Hähne der portugisischen Volkskunst oder holzgeschnitzte aus Schweden, sowie die in ihrer Variabilität schier unerschöpflichen polnischen Halm-Scherenschnitte.

Sein kleinster Hahn ist wenige Millimeter groß, in eine Glaskugel gegossen und kommt aus Übersee. Ihm folgt in der Größe verschiedenstes Kleingetier auf Briefmarken, vor allem auf französischen. Sein größter Hahn kräht auf einem Vier- oder Sechsbogenplakat, das für Frischgeflügel aus Österreich warb.

Neben vielen fixgerahmten Bildern besitzt der Hähnesammler über hundert Wechselrahmen, die von Zeit zu Zeit neu beschickt werden. Der Rest wandert in große Mappen.

„Und jedes Vieh hat seine Geschichte. Dieser da", Matejka zeigt auf ein schwungvoll gemaltes Stilleben,

„stammt von Fritz Martinz, Karfreitag gekauft, Samstag gerupft und gemalt, Ostersonntag gegessen. Und diese", er zeigt auf blaue, weiße, rote Hähne mit skurril-naivem Ausdruck, „hat mir Theophil Ociepka, der 80jährige polnische naive Maler geschenkt. ‚Meine Malerei hat mich zum Sklaven gemacht. Du hast mich im Ausland bekannt gemacht. Ich muß Tag und Nacht malen', hat der Pole damals überglücklich gesagt ..."

Alle Freunde des ehemaligen Gemeindekulturchefs – und er besitzt viele Freunde – wissen um seinen großen bunten Vogel. Aus der ganzen Welt versorgen sie ihn mit Hähnen, und sei es bloß mit bunten Ansichtskarten, auf deren Kirchturmspitzen oder Bergesgipfeln sie selbst einen Hahn zeichnen. Dazu kommen russische Hahn-Zündholzschachteln, sowie Hähne aus Afrika, Finnland oder Japan, lustige Kinderzeichnungen oder ein Hahn auf einer Packung WC-Papier. „Hahn gesehen, an Dich gedacht", mag da wo draufstehen, und auch die Autorin dieses Berichtes transportierte einmal einen eisernen Kirchturmhahn aus Spanien für den Sammler nach Wien.

„In meiner Sammlung hat jede Kunstauffassung Platz", meint Dr. Matejka. „Im Bereich der Bildenden Künste wie der bildnerischen Betätigung überhaupt gibt es seit jeher sehr verschiedene, auch gegensätzliche Auffassungen, die oft sehr weit auseinanderliegen; das läßt sich an einem Objekt wie dem Hahn überzeugend darstellen. Es gilt hier das Prinzip der Freiheit, um das auch freilich immer wieder gerungen werden muß, wie die Kulturgeschichte beweist. Verketzerung ist hier nicht am Platz. Um so mehr Stellungnahme, Kritik, Toleranz."

Matejka besitzt Hähne von so prominenten Malern wie Otto Dix und dem Bildhauer-Maler Georg Ehrlich, prächtig hängen drei Johannes-Wanke-Hähne neben denen von Werner Berg, Oskar Laske, Curt Stenvert, Michael Coudenhove, Franz Hrastnik, Kurt Mikula; Ernst Degasperis Blatt heißt: „Ehe der Hahn dreimal kräht", und Anton Watzl lithografierte dem Freund einen prächtigen Hahnenkampf. Kreuz und quer durch die österreichische Kunstgeschichte der Gegenwart gibt es da die verschiedensten Stile und Auffassungen von naturalistisch bis expressiv, von impressionistisch über „phantastisch“ bis abstrakt. „Und noch etwas vermag meine Sammlung über den riesigen Spaß hinaus, den jeder mit ihr haben kann, beweisen: Sie könnte auch dazu beitragen, künsterische Ergebnisse unterscheiden zu lernen, von solchen, die mehr oder minder nur geschmäcklicherisch oder gefällig sind. Natürlich sammle ich auch den Kitsch – und der kann besonders lehrreich sein!“

Zum ergiebigsten Feld von Matejkas friedlicher Hahnenjagd zählen seine zahlreichen Notizbücher und Hefte. Wo immer der bärtige Altstadtrat auftaucht – und er kommt, als vielseitiger Kulturkonsument, viel herum –, überrascht er seine Umgebung mit der Bitte, ihm einen Hahn zu zeichnen.

„Ich hab' noch nie einen Hahn gezeichnet“, wehrt da so mancher ab. Doch das nützt ihm gar nichts, und so entstanden die kuriosesten und oft recht originellen Erstlingshähne neben den Hähnen berühmter Persönlichkeiten. Es sind lustige, kunterbunte Geflügelhefte, die man nicht müde wird anzusehen. Und vielen merkt man auch die fröhliche Laune an, aus der sie entstanden sind, etwa, wenn da einer einen Wasserhahn hingezeichnet hat. Auch viele witzige Kommentare gibt es zu lesen. „Es ist eine Mordshetz, und Lachen hält gesund“, sagt der Mann mit dem lustigen Hobby und animiert gleichzeitig seine Freunde, „Gemeinschaftshähne“ zu produzieren. Dann kam es nicht selten vor, wo immer Matejka-Freunde zusammentrafen, daß einer vorschlug: „So, und nun zeichnen wir einen Hahn für den Viktor!“ (Ich hab' einmal einen gesehen, der hatte einen Sektkorken als Auge, das war der „Silvesterhahn“.)

Eines Tages begleitete ich Viktor Matejka zu einem Künstler, der auf dem Land wohnte; es war in der Gegend zwischen Langenzersdorf und Stockerau, also in der

Kindheitsgegend des Stadtrates. „Vielleicht hat der einen Hahn für mich!“ Wir fuhren durch mehrere Orte und wanderten dann noch ein Stück zu Fuß, als plötzlich ein herrlicher, dicker Hahn mit mächtigem schillernden Schwanz vor uns am Straßenrand stand. „Na so was“, sagte Viktor Matejka, und betrachtete aufmerksam den prächtigen Misthaufenbeherrscher, „den gibt's auch in natura?“

Heimo Gruber

Demokratie und Buch

Wer im langen Leben Viktor Matejkas in den verschiedenen Phasen und Tätigkeiten nach Kontinuitäten sucht, der muß auch auf die Volksbildung stoßen: Matejka war Zeit seines Lebens ein leidenschaftlicher Volksbildner und als solcher ein Freund der Vermittlung von Büchern durch Bibliotheken.

Als ich 1985 im Rahmen meiner Berufsausbildung bei den Wiener Städtischen Büchereien an einer Prüfungsarbeit über die Nachkriegsentwicklung der Städtischen Büchereien schrieb, führten mich die Recherchen auch zum ehemals für diesen Bereich verantwortlichen Kulturstadtrat in die Theobaldgasse. Zur vereinbarten Zeit stand ich vor der einen Spalt weit geöffneten Wohnungstür. Nachdem ich dennoch höflich angeläutet hatte, forderte mich jemand zum Eintreten und Weiterkommen auf. Als ich im Vorzimmer stand, lotste mich die aus dem WC kommende Stimme weiter und bat, im Wohnzimmer Platz zu nehmen. Nach einigen Minuten stand Viktor Matejka in der Türe, die Begrüßungsworte waren: „Jeder Mensch muß scheißen."

Auch das war Viktor Matejka, von dessen Tätigkeit als Stadtrat ich bis dahin anhand der Durchsicht der Akten bereits ein deutliches Bild gewonnenen hatte. Hier war ein zäher Kämpfer am Werk gewesen, in einem gewaltigen Arbeitsaufwand kein Detail scheuend und in allen Situationen ein vielseitiger Anreger. Er war ein Politiker, der nicht nur kompetent, sondern in seinem Bereich für alle auch ständig „präsent" war.

Viktor war von früher Jugend an ein Freund der Bücher. Für ihn hatten Bücher immer Gebrauchswert, er beurteilte den Inhalt, nicht die Aufmachung; es sei denn, sie war zu teuer – dann wetterte er dagegen, weil ihm als Volksbildner eine möglichst große Verbreitung am Herzen lag. Er schätzte es, Bücher mit Anmerkungen zu beschreiben, weshalb er Paperbacks bevorzugte.

1948 forderte er in einem Artikel: „Ablehnung von kostspieligen Buchausgaben. Es mag sein, daß es verwöhnte Leute gibt, die ein Buch nur der Ausstattung wegen kaufen, um dann im Bücherschrank den Rücken zu bewundern. Ein System der billigen Volksausgaben fördert die Demokratisierung des Buches." (Österreichisches Tagebuch. Nr. 20/1948) Aber auch unser gesättigtes Konsumzeitalter machte aus ihm keinen Bibliophilen. Im Gegenteil. Als ich ihm aus Dankbarkeit dafür, daß er meine publizierte Prüfungsarbeit mit einem Vorwort eingeleitet hatte, ein Buch schenkte, bedankte er sich in einem Brief auf seine Weise: „Mag sein, daß das Buch infolge seiner Aufwendigkeit auch prämiert wurde als eines der schönsten Bücher. Das ist schon seit Jahren ein austriakischer Unfug, schönste Bücher staatlich zu prämieren. Meines Erachtens kommt es einzig und allein auf den Inhalt an, und großenteils leergebliebene Seiten dürfen weder subventioniert noch prämiert werden. Aber der österreichische Unfug, die Angeberei, die Präpotenz hat hierzulande ihren traditionellen Platz, und der soll nicht geräumt werden. Gerade von den Leuten, die in öffentlichen Büchereien arbeiten, erwarte ich mir ständige Aufrufe zu einem Wandel."

Während seiner intensivsten Lebensphasen hatte Matejka in verschiedenen Funktionen mit Bibliotheken und Büchereien zu tun: als Bildungsreferent der Arbeiterkammer während des Ständestaates, als Häftlingsbibliothekar im Konzentrationslager Dachau und als erster Wiener Kulturstadtrat der Nachkriegszeit, zuständig neben anderem für die Stadt- und Landesbibliothek und die Städtischen Büchereien.

In den Jahren der Dollfuß- und Schuschnigg-Diktatur versuchte Matejka als Bildungsreferent der Arbeiterkammer zu retten, was doch nicht zu retten war. 1933 hatte die christlichsoziale „Reichspost" den nazideutschen Bücherverbrennungen applaudiert und gab damit einen Vorgeschmack auf die Literaturpolitik der kommenden Jahre. Nach dem Februar 1934 setzte in den konfiszierten sozialdemokratischen Arbeiterbüchereien, nunmehr auf Vereinsbasis geführt, die Säuberungspolitik ein.

Matejkas ganzer Haltung widerstrebte jede Form von kultureller Barbarei. Gemeinsam mit dem Wiener Volksbildungsreferenten Lugmayer konnte er wenigstens bis 1936, wie er meinte, das Ärgste verhindern. „Es wurden daher nur die Bücher von Bettauer, Ferch und Kirchsteiger aus den Bibliotheken entfernt, während insbesondere die Historiker des Sozialismus, Marx, Engels und Bebel, schon zum Studium der Entwicklung der Arbeiterbewegung in den Büchereien belassen wurden." (Matejka in „Der Morgen", 3.12.1934. In: Alfred Pfoser: Literatur und Austromarxismus. Wien 1980)

Freilich waren schon weit mehr Autoren von der Säuberung erfaßt, als Matejka in diesem Artikel schrieb. Er lehnte den Austrofaschismus ab, doch eine Diktatur gestattet keine Halbheiten. Seine Bemühungen innerhalb der gleichgeschalteten Institution Arbeiterkammer glichen der berühmten Quadratur des Kreises. Der Preis war für Matejka hoch und lag nicht nur im Scheitern, sondern auch im Mißtrauen, das bei den Aktivisten der in den Untergrund gedrängten Arbeiterbewegung ihm gegenüber entstand und bei manchen noch bis in die Nachkriegszeit andauerte. Matejka reagierte auf diese Kritik nicht beleidigt; so suchte und fand er bei seinen Reisen nach Prag mehrmals den Kontakt zu Fritz Brügel. Brügel war als letzter Leiter der Bibliothek der Arbeiterkammer besonders von den Büchersäuberungen betroffen und hatte diese immer wieder in Artikeln in der illegalen sozialistischen Presse angeklagt. 1936 brachte nicht nur das Ende für Matejkas Bestreben, als Obmann im Volksheim Ottakring den Geist der alten Volksbildung fortzuführen. Im selben Jahr wurden auch die Arbeiterbüchereien kommunalisiert und endgültig demoliert.

Nicht nur ein großer Teil der Weltliteratur des 20. Jahrhunderts wurde aus den Regalen entfernt, auch Werke von Claudius, Morus, Campanella, Boccaccio, Rousseau, Casanova, Holbach, Balzac, Herder und Kant fielen der Zensur zum Opfer. Diesmal vermerkte die Zeitschrift der illegalen Gewerkschaftsjugend anerkennend: „Dr.Matejka trat offen gegen diese europäische Kulturschande auf." (Gewerkschaftsjugend. Organ der freigewerkschaftlichen Jugendsektion Österreichs. Nr.3/1936)

Was trotz alledem blieb, waren die vielen praktischen Hilfestellungen, die Matejka – hierin lebenslang Meister – geben konnte. Auch sein Einsatz für die Arbeiterschriftsteller verhalf einigen Sozialdemokraten zu Veröffentlichungen, Radiovorträgen und Lesungen. (Zum mutigen Engagement Matejkas als Bibliothekar im KZ Dachau siehe Herbert Exenbergers Beitrag in diesem Buch.)

Als Viktor Matejka 1945 als kommunistischer Stadtrat für Kultur und Volksbildung die Verantwortung für die Städtischen Büchereien übernahm, bot deren Zustand ein tristes Bild. Die vergangenen Diktaturen hatten mit mehreren Säuberungswellen den Buchbestand dezimiert, Büchereisperren und die Kriegseinwirkungen taten dasselbe mit dem Zweigstellennetz. Nach elf Jahren Diktatur klaffte im Buchbestand ein Loch, dessen Verkleinerung sich die neuen Verantwortlichen im schmerzlichen Bewußtsein, daß eine restlose Beseitigung des Defizits nie wieder möglich sein würde, zum Ziel gesetzt hatten. Zu vieles war in jenen Jahren verboten, verbrannt, eingestampft und in die Vergessenheit gestoßen worden, als daß sich jemals noch für Neuauflagen weniger bekannter Werke und Autoren Verleger finden hätten können. Der österreichische Faschismus und der Nationalsozialismus hatten nicht nur den Buchbestand aller öffentlichen Büchereien zerstört, sie unterbrachen auch jede nennenswerte Literaturproduktion. Ein großer Teil deutsch- und fremdsprachiger, zeitgenössischer Weltliteratur war vom Buchmarkt verschwunden.

Hier war Matejkas großer Enthusiasmus herausgefordert. Noch im April 1945 ersuchte er auf Plakaten die Bevölkerung um Buchspenden und die Bekanntgabe von Bücherbeständen in Wohnungen geflüchteter Nazis. Mit großer Improvisationskunst wurde das auf 23 Zweigstellen geschrumpfte Büchereiwesen instandgesetzt und vergrößert. Ende 1947 hatten bereits 46 Städtische Büchereien geöffnet. Er betätigte sich als unermüdlicher Buchbeschaffer, Bittsteller und Briefeschreiber an ausländische Verleger (u.a. Emil Oprecht in Zürich), den Österreichischen PEN-Club in London (Robert Neumann), an wissenschaftliche Organisationen und an den Verband demokratischer Schriftsteller und Journalisten mit dem Ersuchen um Bücherspenden. Er appellierte an die Schriftsteller, dem Beispiel des Bürgermeisters und des Stadtsenates zu folgen und nicht irgendwelche Bücher zu spenden, sondern solche, „die Ihrem Sinn und Herzen nahe stehen und die Sie gerne anderen in die Hände geben wollen."

In der Kulturzeitschrift „Österreichisches Tagebuch" gestaltete Matejka eine eigene Rubrik „Unangenehme Notizen", in der er regelmäßig zu Fragen der Buchpolitik Stellung bezog. Er verurteilte die schnelle Wiederauflage nationalsozialistisch belasteter Autoren, während den verfolgten Künstlern nach wie vor mit Ignoranz begegnet wurde: „Ist es ein Zufall, daß über Oskar Kokoschka in den Jahren seit der Befreiung kein Buch erschienen ist, dafür eines über den süßlich-sentimentalen PG-Marionettenspieler Teschner?" (Österreichisches Tagebuch. Nr. 44/45, 5.12.1947) Für sehr viele von der Vergessenheit Bedrohte – für Otto Rudolf Schatz, Jakob Haringer, Ernst Waldinger u.a. – setzte er sich energisch ein.

Matejka war einer der wenigen, denen schmerzlich bewußt war, welchen Verlust das österreichische Geistes- und Kulturleben erlitten hatte. Er war um Rückholung der Vertriebenen bemüht. Im Rahmen dieses Engagements bot er auch Theodor Kramer und Paul Celan Bibliothekarstellen an – Kramer zögerte noch aus gesundheitlichen Gründen mit der Rückkehr nach Österreich, und Celan wanderte nach Paris weiter. Etliche Künstler und Kulturschaffende, denen Matejka entscheidend weitergeholfen hatte, zählten in späteren Jahren und Jahrzehnten zu den Großen ihres Faches. Sicherlich freute er sich darüber, doch anstatt sich in deren Glanz zu sonnen, half er weiter den Kleinen, Unbekannten, den vielen schreibenden und malenden Autodidakten. Für sie hatte Viktor Augen, Ohren, Herz und Wohnung weit offen, nahm sich Zeit für Kritik, Anregung, Ermutigung. Er wußte, wie wichtig Selbstvertrauen ist, daß es zu allererst gilt, die eigene Kreativität zu entfalten und nicht nach den Gesetzen des Kulturmarktes zu schielen.

Besonderen Wert legte er auf die Fortbildung der Bibliothekare, für die damals namhafte Wissenschaftler und Künstler gewonnen werden konnten. Getreu seinem Leitsatz, „Anregung ist alles", wies er als permanenter Briefeschreiber die Bibliothekare auf besondere Neuerscheinungen hin und forderte sie zum Besuch bestimmter Veranstaltungen auf. Matejka wußte, daß Idealismus allein für die Berufsausübung noch nicht genügt und plädierte für eine Fachausbildung der Bibliothekare, die in einem Volksbüchereigesetz als Teil eines Volksbildungsgesetzes verankert sein sollte, eine Forderung, deren Verwirklichung bis heute aussteht.

Matejka leitete sein Ressort frei von parteipolitischen Erwägungen, war Anhänger eines umfassenden, keinen Lebensbereich ausgrenzenden Kulturbegriffes und als Helfer in geistigen und materiellen Notsituationen stets zugegen: Durch spontane Improvisationskunst, unbürokratische Arbeitsweise und die äußerste Anspannung aller Kräfte wurde mit den Büchereien ein wichtiger Teil des Volksbildungswesens instandgesetzt.

Viktor Matejka blieb den Städtischen Büchereien auch nach seinem Abgang als Kulturstadtrat verbunden. Seine Anteilnahme an unseren Problemen und Anliegen ist in unzähligen, ausführlichen Briefen dokumentiert. Immer noch war er bestrebt zu helfen. Nachdem er etwa von der Kürzung des Bücherankaufsbudgets Ende der achtziger Jahre erfahren hatte, war seine erste Reaktion: „Wie kann ich Euch unterstützen? Mit wem soll ich reden?"

Ich will immer mit Dankbarkeit daran denken, mit welcher Kraft dieser schwerkranke Mann uns Jüngere aufmuntern und ermutigen konnte.

Der große Menschen- und Bücherfreund wurde auch noch selbst zum Autor von drei Büchern, allesamt sehr persönliche Dokumente eines unkonventionellen Charakters.

Sein erstes Buch „Widerstand ist alles. Notizen eines Unorthodoxen" wurde im Rahmen einer Abendveranstaltung in der Städtischen Bücherei Zirkusgasse präsentiert. Ich hatte die Ehre, bei der gut besuchten Veranstaltung Matejka vorzustellen und die Diskussion zu leiten. Oder besser gesagt, ich sollte... Nach den ersten Einleitungssätzen unterbrach mich Viktor, schubste mich beiseite und riß die Initiative an sich. Selten habe ich bei einer Buchpräsentation eine so gute Stimmung erlebt wie an diesem langen Abend. Es muß schon um Mitternacht oder später gewesen sein; viele Bücher waren verkauft und signiert worden und die Besucher allmählich heimgegangen, als mir Viktor fünf übriggebliebene Exemplare in die Hand drückte und befahl: „Gruber, die verkaufen Sie!" Meinen Einwand, daß wir in einer Bücherei keine Bücher verkauften, entkräftete er mit dem Kommentar „Typische Beamtenausred'!" Damals dachte ich mir, wie herrlich erfrischend ist doch diese Art in einem Land, in dem andere in ähnlicher Situation mit einem schmeichlerischen „Könnten Sie nicht so freundlich sein und versuchen..." kommen würden.

Lieber die Dinge beim Namen zu nennen als diplomatisch zu umschreiben, war eines der Geheimnisse der entwaffnenden Durchsetzungskraft Matejkas. Als Stadtrat konnte er im Umgang mit der Bürokratie diese Fähigkeit gut brauchen und vervollkommnen: „Ich habe immer versucht, Vorschriften zu durchkreuzen."

Der Mann mit dem Lebensmottto „Widerstand ist alles" strebte zugleich bis zuletzt danach, Widerstände zu überwinden.

Erich Grubhofer
Der Sieger heißt Viktor

Gekannt hat ihn ja jeder, der sich bei sogenannten kulturellen Veranstaltungen tummelte, und zu verwechseln war er auch nicht. Also habe ich ihn eines Abends bei den „Komödianten", damals im Wiener Künstlerhaus, einfach angesprochen. Er betrachtete gerade einige im Foyer ausgestellte Bilder. Ob er bereit wäre, seine Hähne-Sammlung in einer Schule auszustellen: am Gymnasium Sacré Coeur in Pressbaum, also nahe Wien. Dabei versuchte ich gleich, das (auch bei ihm existierende) traditionelle Image einer konservativ-elitären „Höhere-Töchter-Anstalt" zu korrigieren. Seit 1969 sei das Gymnasium koedukativ geführt, es gebe zahlreiche den Unterricht ergänzende und die Schule öffnende Veranstaltungen wie Autorenlesungen, Konzerte aller Art, kulturelle und politische Diskussionsrunden usf. Und auch die Schulgalerie, in der Schüler mit zeitgenössischem Kunstschaffen konfrontiert würden.

Matejka hörte sich das an, fand die Sache „interessant" (ein Wort, das ich noch oft von ihm hören sollte), darüber könne man reden. „Rufen Sie mich an, ich stehe im Telephonbuch." Aus diesem Gespräch (Er zitierte mich später öfter, auch öffentlich, als Beispiel, wie man an Personen herangehen solle: „Der Grubhofer hat mich einfach angesprochen...") entwickelte sich, zu meiner Überraschung wie Freude gleichermaßen, eine Freundschaft über fast vierzig Jahre Altersunterschied hinweg.

Daß Matejka in jeder Beziehung der Gebende war, bedarf keiner besonderen Erwähnung: nicht nur als ein Fall von „oral history" eines Menschen, der die Geschichte unseres Jahrhunderts an extremen und exponierten Orten der Handlung erlebt, erlitten und auch mitgestaltet hat, sondern fast mehr noch durch seine imponierenden menschlichen Qualitäten, seine bedingungslose Offenheit jedem und allem gegenüber und seine – auch wenn das Wort pathetisch abgegriffen ist – Menschenliebe.

Begleitet wurde unsere Freundschaft schriftlich. Matejka war ein eifriger und vermutlich einer der letzten prominenten Briefeschreiber und Verfasser von pointiert formulierten Leserbriefen. Wie er das zeitlich bewerkstelligte, ist mir ein Rätsel: „...aber die Menschen haben die Fähigkeit, sozusagen Herr und Frau ihrer Zeit zu sein.“ Also ist es wohl aufschlußreich, wofür und für wen wir Zeit haben, weil wir sie uns nehmen.

Ich kenne den Großteil der Lebenserinnerungen und Meinungen, die Matejka im letzten Lebensjahrzehnt veröffentlichte und die zum Teil auch in Bild- und Tondokumenten vorliegen, aus persönlichen Erzählungen. So subjektiv und pointiert da manchmal formuliert wurde, ich kenne niemanden, der so wie er versucht hat, seine Meinung logisch zu begründen. Das reichte von der Moritz Schlick-Affäre bis zur Erklärung, warum Kaffee bzw. Tee ohne Zutat von Milch und Zucker zu genießen sei. Oder warum man besser keinen Blumenstrauß überreiche. Letzterem ist sogar ein Abschnitt in seinem ersten Buch gewidmet.

So hat mir Matejka auch begründet, weshalb er seinen Körper nach dem Tod der Anatomie überantworte. Da habe wenigstens jemand noch etwas davon, schließlich sei er durch seine vielen Operationen ein interessantes Objekt, das habe doch einen Sinn. Es sollte gewissermaßen ein letzter Dienst am Menschen sein. Ich habe mich damals gefragt, ob ein Student der Medizin auch der Geschichte seines Studienobjekts nachsinnt. Das sei auch völlig „wurscht“, höre ich noch Matejkas kaltschnäuzigen Kommentar. Vom Totenkult und allem Drumherum hielt er, der als Ministrant bei Begräbnissen „sozusagen berufsmäßig dabei“ war, ohnehin nichts. In seinem letzten handgeschriebenen Brief, den ich erhalten habe, lese ich: „Nicht einmal mit meiner eigenen Leich geh ich mit. Bin aber weder ein Störer der Andacht, noch störe ich den Devotionalien-Kommerz – nur verdient er bei mir nix; es geht auch ohne Kranz und Pflanz zu Ende."

Matejkas Einstellung zum Leben war bedingungslos positiv. Vermutlich hat er diese Haltung von klein auf entwickelt und in den langen Jahren seiner Haft in den Konzentrationslagern der NS-Zeit perfektioniert.

Als ich ihn nach einer seiner vielen schweren Operationen im Spital besuchte, erläuterte er, voll des Lobes über das handwerkliche Können seiner Ärzte, die technische Seite seines Leidens und zwar so nüchtern, wie man etwa über die Reparatur eines Motors spricht. Von sich, d.h. seinen Schmerzen oder gar seiner psychischen Verfassung zu sprechen, kam gar nicht in Frage: „Das ist uninteressant." Von Vorhaben und Tätigkeiten war die Rede. Trotz mancher „Lästigkeiten", wie er seine schweren Leiden nannte, sei das Leben „lustig". „Meine Beschäftigungen machen mir nach wie vor Spaß", schreibt mir der Neunzigjährige.

Ich weiß nicht, wer aller weiß, daß er sich „sein Lebtag" keine Möbel gekauft hat. Die Einrichtung seiner Wohnung: „Alles Zeug, das die anderen wegschmeißen. Ist doch schad drum." Ähnliches galt für seine Kleidung. Es sei besser, sein Geld Bedürftigen zukommen zu lassen, als es für Äußerlichkeiten auszugeben: „Was glauben Sie, wieviel arme Leut es gibt." Wer hätte da nicht an Jesu Wort gedacht: „Wahrlich, ich sage euch, was immer ihr einem dieser meiner geringsten Brüder getan habt, das habt ihr mir getan." In einem seiner Briefe, in dem er auf die Flut von Glückwunschschreiben zu seinem 85. Geburtstag zu reden kommt, schreibt er von seinem Bemühen, sich bei allen Gratulanten „einigermaßen speziell, individuell, nicht gleichschaltend" bedanken zu wollen: „...denn jeder Mensch ist ein anderer, ein liebenswerter, einer, der Persönlichkeit hat und ist."

Hans Weigel hat Matejka, der erst in hohem Alter aus der Kirche ausgetreten ist („viel zu spät"), aber nie davon

Aufheben gemacht hat, einmal als „Musterchristen“ und „Modellkatholiken“ bezeichnet, was ihn nicht weiter störte. Matejka hatte keine Angst vor eventuell falschen Verbündeten, wenn sie nur seiner Sache dienten. So sehr ihn Wesentliches an der sogenannten Amtskirche störte, so sehr interessierte er sich für alles Geschehen auch im kirchlichen Bereich, war regelmäßiger Leser der „Furche“, lobte das Engagement unserer Schule für Bischof Kräutlers Mission in Brasilien oder begeisterte sich für das Las-Casas-Denkmal, dem vermutlich einzigen in Europa, mit dessen Errichtung wir 1992 der Entdeckung Amerikas gedachten. Über Jahre hinweg kommentierte er die Aktivitäten und Veranstaltungen am Sacré Coeur, die er zuletzt aus Gesundheitsgründen nur mehr über unsere Schulzeitschrift verfolgen konnte, zu der er auch immer wieder Stellung nahm, wobei er ermunterte, lobte, sich wunderte: „Karl Kraus auf Seite 2, daneben Trakl und Wolfgang Bauer, nächste Spalte oben Groer, naja, warum nicht, jede Mischung bei Grubhofer.“ „Nur keine Berührungsängste!“ Darin waren wir uns einig. Auch in der Meinung, daß Schule kein unveränderbares starres System sein könne: „Schule wird immer im Gerede sein, sie fließt mit allem.“ Die Erfahrung mit unserem Haus, schrieb er mir 1986, habe ihm „zu manchen Erlebnissen, die mir bisher fremd waren“, verholfen, und Prof. Alfred Magaziner, den er in jener Zeit einmal mitbrachte, äußerte sich ähnlich: Er müsse seine Meinung über katholische Privatschulen korrigieren, zumindest in diesem Fall, was mich zu dem Johannes-Zitat veranlaßte: „In meines Vaters Haus sind viele Wohnungen.“

Wenn Matejka an unserer Schule als Zeitzeuge referierte bzw. (viel lieber) diskutierte, hielt er eigentlich Hof. Seine Erfahrung und Dominanz brachten das mit sich. Er war sein eigener Oberlehrer. Bei seiner letzten Ehrung im Wiener Rathaus unterbrach er denn auch die Laudatio des Bürgermeisters zumindest zweimal korrigierend, was im Falle Zilk bekanntlich nicht leicht ist, um dann zu erklären, er, Zilk, sei „der einzige Oberlehrer", von dem er sich etwas sagen lasse. Wehe dem Einführenden eines seiner Vorträge oder Lobredner, welcher diese Eigenheit des Matejka nicht kannte. So prominent konnte der gar nicht sein, daß er ihn nicht unterbrach – im Falle von Lob etwa: „Das ist uninteressant!" oder „Das ist ein Blödsinn!" – und meist aus dem Konzept brachte. Er war ein gefürchteter Dazwischenredner.

Ein liebenswürdiges, wenn auch ungewöhnliches Hobby stellt Matejkas Sammelleidenschaft für Hähne jeder Art dar. Er betrachtete den Hahn gewissermaßen als sein Wappentier: Dominanz und Weckruf, das entsprach ihm. In seinem Buch Nr. 1, „Widerstand ist alles", besitze ich eine Widmung mit einem von ihm gezeichneten Hahn und der technischen Erläuterung: „aus einer Linie" (gezeichnet). Das verweist auf eine andere Seite seines Wesens, ein Pendant zu seinem Hang zu Vernunft und Logik: das „Spaßettl". Dieses Wort allein wiese ihn schon, was er natürlich oft und ebenso engagiert wie umfassend bewiesen hat, als Österreicher aus, wie man keinen besseren finden könnte.

Die Ausstellung seiner Hähne im Sacré Coeur, einer großen Zahl von Hähnen aus seiner „Ansammlung", nicht Sammlung, wie er aufschlußreich formulierte, kam 1985 zustande. Es waren Ölbilder, Zeichnungen, Collagen von zum Teil so prominenten Künstlern wie Kokoschka, sodaß sich die Frage einer Versicherung stellte, schließlich promenieren in unserer Stiegenhausgalerie täglich an die tausend Schüler. Dazu Matejka: „Brauchen wir keine. Ist schon einmal was passiert? – Na eben. Und stehlen tut das keiner."

Ich hatte meine Kollegen, die Bildnerische Erziehung unterrichten, gebeten, alle Schüler Hähne zeichnen, malen oder sonstwie anfertigen zu lassen, sodaß das ganze Haus von Hähnen nur so wimmelte. Zur Eröffnung der Ausstellung krähte per Tonband ein Hahn (das vorgesehene Original stand im letzten Moment nicht zur Verfügung), Matejka hatte einige Küchenschürzen mit groß und bunt applizierten Hähnen mitgebracht, zum Gaudium der Schüler und des anderen Publikums sich selbst, mir, dem Zeller-Zellenberg und, ehe sich's dieser versah, auch dem anwesenden höchst seriösen Landesschulinspektor und Hofrat eine umgebunden, ich wurde bei den „Einführenden Worten" mehrfach unterbrochen – das war so ein „Spaßettl".

In Österreichs Geschichte findet sich eine Reihe höchst prominenter Persönlichkeiten wie zum Beispiel Karl Kraus, einem Teilzeitgenossen Matejkas, die mit Vernunft und Scharfsinn ihr Leben führten, gegen Dummheit, Präpotenz, Voreingenommenheit, Lieblosigkeit etc. auf- und für Wohlergehen und Bildung aller eintraten, wie Matejka; aber ihr ernstes Geschäft erlaubte ihnen keine „Spaßettln". Maria Theresia äußerte sich einmal in einem Brief besorgt über ihren sachbezogenen Sohn Joseph, den späteren „Volkskaiser": Eine gute Pointe sei ihm mehr wert als eine durch sie angerichtete Verletzung eines Menschen. Ein Kaiser ist auch nur ein Mensch. Das habe ich auch von Matejka im Ohr. Also auch vergleichbar. Auch Matejka war ein „Volkskaiser", freilich einer mit „Spaßettln" – und einer bedingungslosen Liebe für den Nächsten. Darum vergleiche ich ihn mit Joseph. Der Sieger heißt Viktor!

Karl Hans Heinz
Viktor und Gerda

Im Sommer 1937 fand in den Räumen der Salzburger Arbeiterkammer eine Kollektivausstellung von 800 Gemälden österreichischer Künstler statt, wovon 400 Werke von Arbeitslosen stammten. In der Jury, die die Bilder auswählte, saß auch der berühmte Maler Josef Dobrowsky. Diese Ausstellung lenkte die öffentliche Aufmerksamkeit auf die seit 1935 von der akademischen Malerin Gerda Matejka-Felden ins Leben gerufene wertvolle künstlerische Tätigkeit. Sie leitete die Fachgruppe für Zeichnen und Malen an den Volkshochschulen in Ottakring (Volksheim), Margareten (Stöbergasse) und an der Wiener Urania.

Ich erhielt damals von der Redaktion der Wiener „Arbeiter-Woche" den Auftrag, über diese interessante Exposition eine große Reportage zu schreiben, für die mir eine ganze Druckseite zur Verfügung gestellt wurde. Sie erschien unter dem Titel „Farben machen das Leben schön" mit dem Untertitel „Arbeiter wollen aus dem Dunkel". Bei dieser Gelegenheit lernte ich Frau Gerda Matejka-Felden kennen, mit der ich ein ausführliches Gespräch über die soziale und künstlerische Funktion ihrer Tätigkeit führte. Sie faßte sie in folgende Worte zusammen:

„Die Bestrebungen der Arbeiter auf kulturellem Gebiet sind darauf gerichtet, die Ungerechtigkeiten des Lebens zu korrigieren und eine klaffende Lücke durch die solidarische Hilfeleistung zu schließen. So konnte die Bahn freigemacht werden für junge Talente aus dem Arbeiterstand, die wirklich berufen waren, aber niemals aufgerufen worden wären. Sie werden nun gefördert und bewährten sich, wie der Verkauf ihrer Bilder beweist. Die Volkshochschulen wurden durch die Öffnung zu künstlerischer Tätigkeit für Arbeiter und Arbeitslose zu Gärten blühender Talente. Das sinnentleerte Leben des erzwungenen Müßiggangs erhielt wieder einen Sinn."

Diesem ersten Interview folgten weitere Gespräche über bildende Kunst und Volksbildung in ihrer Wohnung im 9. Bezirk (Rufgasse). Ich war von der Leidenschaft und Hingabe, wie sie von ihrer Arbeit erzählte, fasziniert. Sie ist für hunderte junge Menschen, die arbeitslos und verzweifelt waren, ein Hoffnungsstern gewesen.

Durch diese Beziehung wurde ich auch mit ihrem Mann, Doktor Viktor Matejka, näher bekannt. Ich hatte mit ihm bereits als Journalist rein beruflich losen Kontakt gehabt. Er war im Ständestaat Bildungsreferent der Wiener Kammer für Arbeiter und Angestellte. Wir hatten viele politische und kulturelle Berührungspunkte, die unser Verhältnis enger gestalteten. In ihm lernte ich einen der wenigen Österreicher kennen, der, so wie der Vizebürgermeister von Wien, Doktor Ernst Karl Winter, dessen Verlag, Gsur und Co., ich geleitet hatte, Hitlers „Mein Kampf" gleich nach seinem Erscheinen im Jahre 1924 gründlich gelesen hatte. So wie Doktor Winter war er überzeugt, daß Hitler seine darin programmierten politischen Gewaltziele konsequent zu erreichen trachten würde. Unter diesen Zielen standen vorrangig Österreich, die Tschechoslowakei und Polen. Als glühender Gegner des Nationalsozialismus war ihm von allem Anfang an klar, daß Hitlers Herrschaft über kurz oder lang Krieg bedeuten mußte.

Er beschränkte sich daher nicht allein auf seine Tätigkeit als Kulturreferent im engeren Sinne, sondern unterhielt viele Kontakte zu ausländischen Politikern der Westmächte, bei denen er unermüdlich für Österreichs Lage um Verständnis und Unterstützung warb.

Wie richtig er die tödliche Gefahr des Nationalsozialismus einschätzte, aber dennoch von seiner Kurzlebigkeit überzeugt war, beweist eine Schrift, die er zusammen mit Nikolaus Hovorka, dem Eigentümer des Reinhold-Verlages, damals verfaßte. Sie trägt den Titel „Zwischenspiel Hitler". Von einem solchen Glauben waren damals die meisten Menschen in Österreich noch weit entfernt.

Bevor ich auf die für einen Kulturreferenten ausgefallene politische Tätigkeit Matejkas eingehe, möchte ich einige seiner Kulturaktionen darstellen, die von Kühnheit und Mut unter den Gegebenheiten des Austrofaschismus beredtes Zeugnis ablegen.

Am 4. Mai 1937 tagte im Sitzungssaal des „Bergfreunde-Hauses" in der Diefenbachgasse die erste Landesversammlung. Es handelte sich um den Nachfolger der „Naturfreunde". Matejka wurde zum Wiener Landesleiter gewählt. Er hatte gleich nach dem Bürgerkrieg 1934 die Neubildung des aufgelösten „Naturfreunde-Vereins" und die Rückgabe aller anderen Kulturorganisationen der verbotenen Sozialdemokratischen Partei verlangt. So forderte er auch bei dieser Versammlung, daß der Name „Naturfreunde" wieder eingeführt werde. Wörtlich sagte er:

„Der Name ‚Bergfreunde' ist sachlich unrichtig und steht mit dem tatsächlichen überaus weiten Interessensgebiet des Vereines in Widerspruch. Es muß einem Verein freistehen, seinen Aufgabenbereich so weit zu stecken, als er es wünscht. Die Geschichte der Arbeiterbewegung in der Politik, in der Wirtschaft, im sozialen und kulturellen Bereich zeigt immer wieder, daß das Warten auf Hilfe von oben vergeblich ist. Ihre vereinheitlichte Gestaltung wurde immer nur durch Selbsthilfe entscheidend vorwärtsgebracht. Das ist keine Phrase, das ist tausendfach zu beweisen."

Es ist klar, daß sich Matejka mit diesen unter der Schuschnigg-Diktatur geradezu aufrührerischen Äußerungen bei den Machthabern keine Freunde erwarb. Im Gegenteil! Er wurde für sie zum bedrohlichen Ärgernis. Er ließ sich aber nicht abschrecken, und das sollte nicht ohne Folgen bleiben. So wurde er von dem erzreaktionären Wiener Bürgermeister Richard Schmitz als Leiter der Volkshochschule in Ottakring abberufen.

Viktor Matejka lagen Volksbildung und Arbeiterschaft besonders am Herzen. Im Herbst 1937 hielt der Österreichische Urania-Verband eine Volksbildungstagung im Halleiner Stadttheater ab. Dort sollte vereinbarungsgemäß auch Matejka zu Wort kommen. Seine Rede wurde jedoch aus Angst, er könnte wieder über die Stränge schlagen, unter fadenscheinigen Ausreden von seinen Gegnern verhindert. Er überließ mir aber das Manuskript seiner Rede, das in der „Arbeiter-Woche" vom 23. Oktober 1937 veröffentlicht wurde. Einige charakteristische Auszüge daraus:

„Mit den Pflichtschulen kommen alle Arbeiter und Angestellten einmal als Schüler und dann als Eltern ihrer Kinder in Berührung. Bei der Durchführung des Lehrplans für die österreichischen Hauptschulen sollen im Sinne des Gesetzes folgende Grundsätze beachtet werden:

1. Die Rücksicht auf das praktische Leben.
2. Die Wechselbeziehungen zwischen den Lehrfächern.
3. Die Selbständigkeit der Schüler (Arbeitsunterricht).
4. Die Rücksicht auf die Eigenart der Kinder und auf ihre Entwicklungsstufe.

Die Schule kann einen wichtigen Beitrag zur friedlichen Schlichtung der sozialen und sonstigen Gegensätze unter den Menschen liefern.

Für alle Schultypen besteht der Wunsch der Arbeiter und Angestellten, in entsprechendem Ausmaß an der Gestaltung der Schulen und der Schulverhältnisse mitzuwirken. Dieses Bestreben ergibt sich nicht nur aus der geistigen Anteilnahme der Arbeiterschaft an dem ganzen Schulbereich, sondern auch aus ihrer wirtschaftlichen Interessenlage. Daher ist es selbstverständlich, daß die Arbeiter- und Angestelltenschaft auf dem Wege über ihre zuständigen Organisationen (Gewerkschaftsbund) in den verschiedenen Schulbehörden eine entsprechende Vertretung erhalten muß.

Besondere Aufmerksamkeit gebührt den Kindern der Arbeitslosen. Es wird immer mehr unsere Aufgabe sein müssen, die Gesetzgebung und alle verantwortlichen Stellen dahin zu bringen, daß der gesamte Sozialstand der Minderbemittelten, und erst recht der mindestbemittelten Arbeiter und Angestellten, ein Anrecht haben auf eine Staffelung der Schulkosten und der Studiengebühren entsprechend den Einkommens- und Vermögensverhältnissen der Eltern. Daher sollten arbeitslose und ausgesteuerte Eltern einen gesetzlichen Anspruch auf gänzliche Befreiung aller Schulkosten und Studiengebühren erhalten.

Bei der Mitbestimmung der Arbeiterschaft in den Ortsschulräten können wir aber nicht stehenbleiben. Wir verlangen vielmehr aus Gründen des berechtigten Interesses der Arbeiterschaft für das allgemeine Schulwesen sowie für die gesamte Entfaltung des Kultur- und Bildungswesens eine entsprechende Vertretung der Bildungs- und Kulturinteressen der Arbeiter- und Angestelltenschaft bis hinauf in den Bundesrat.

Im Bundeskulturrat müssen wir seit Jahren den Mangel einer direkten Vertretung feststellen. Die soziale und wirtschaftliche Seite der Schule kommt bei der jetzigen Zusammensetzung zu kurz. Eben, weil alle Bildungsfragen eng mit den wirtschaftlichen und sozialen Fragen zusammenhängen, weil sie vor jeder Isolierung bewahrt werden müssen, gehören auch in den Bundeskulturrat Vertreter aus den eigenen Reihen derer, die für die Bildungs- und Kulturarbeit der Arbeiter und Angestellten verantwortlich sind.

Bildung und Kultur ist nicht allein eine Angelegenheit der Fachleute und Spezialisten! In allen Bereichen der Kultur und Bildung ist auch denen eine schöpferische Mitwirkung, eine Mitgestaltung einzuräumen, die an der Bildung und an der Kultur und anderen Einrichtungen lebhaften Anteil nehmen. Dazu gehören in hervorragendem Maße die Arbeiter und Angestellten. Vom Standpunkt der Arbeitnehmerschaft aus muß darauf gedrungen werden, daß eine kommende gesetzliche Regelung ausdrücklich auf die materielle Lage der studierenden Kinder von Arbeitern und Angestellten Rücksicht nimmt.

Ganz besonders liegt dem Gewerkschaftsbund an einer Erziehung zum wirtschaftlichen Denken und an einer Erziehung zum technischen Denken in allen Schulkategorien. Schon in den Elementarschulen ist es wichtig, daß die neuen Lehrpläne großen Wert auf die Erziehung zum praktischen Leben legen.

Leider muß als betrübliches Resultat festgehalten werden, daß wir mit unseren Reformvorschlägen bei der zuständigen Behörde kein Interesse gefunden haben. Eine kulturelle Interessenvertretung der Arbeiterschaft ist keine überflüssige ‚Aufspaltung' oder Klassenkampf. Das sei allen jenen klipp und klar gesagt, daß für ihre Einwände gegen die besondere Interessenvertretung der Arbeiter und Angestellten auf kulturellem Gebiet kein Verständnis besteht. Sie sind einzustellen.

Für den Arbeiter und Angestellten gilt ebenso wie für jeden anderen Staatsbürger die Erkenntnis, daß Kultur und Bildung von freier Entfaltung der Kräfte nicht zu trennen sind. Hüten wir uns daher vor Uniformierung und Totalisierung auch auf dem Gebiet der Kultur und Bildung."

Was damals von dem Rebellen Viktor Matejka gefordert worden war, aber bei den Machthabern auf taube Ohren gestoßen ist, und noch viel mehr als das, ist heute in unserem Lande eine Selbstverständlichkeit. Jedes Kind hat seine Bildungschance in einem Ausmaß, von dem man damals nicht einmal zu träumen gewagt hätte.

Viktor Matejka und der Weltfriede

Am 16. Dezember 1937 fand in London eine Festsitzung der „Rassemblement Universal pour la Paix" (Weltvereinigung für den Frieden) statt, um Lord Cecil, den mit dem Friedensnobelpreis für das Jahr 1937 ausgezeichneten Präsidenten dieser den Erdball umspannenden Organisation, zu ehren. Die Weltvereinigung für den Frieden war in 48 Ländern der Erde tätig – eine überparteiliche Institution – und umfaßte 400 Millionen Menschen, die in der ganzen Welt für die Erhaltung und Wiederherstellung des Friedens kämpften.

Im Jahre 1935 wurde auch in Wien ein Komitee dieser Weltvereinigung gebildet, dem unter anderen Univ.Prof. Carl Brockhausen, der frühere österreichische Gesandte in China, Rosthorn, und Viktor Matejka angehört hatten.

Als Vertreter des Wiener Komitees nahm Matejka an der Feier für Lord Cecil teil und überbrachte die Wünsche der österreichischen Friedensfreunde. Der über Englands Grenzen weit hinaus bekannte Sozialpolitiker und Labour-Abgeordnete Philip Noel-Baker veranstaltete aus Anlaß der Anwesenheit Viktor Matejkas einen Empfang im englischen Parlament, an dem der österreichische Gesandte in London, Baron Frankenstein, der französische Luftfahrtminister und Vizepräsident der Weltvereinigung für den Frieden, Pierre Cot, der Vizepräsident der außenpolitischen Kommission der französischen Kammer, Krumbach, Artur Henderson jun., Ing. Atkinson als Vertreter der U.S.A. und die Tochter Lloyd Georges teilnahmen. Das war viel Ehre für den Friedenskämpfer Viktor Matejka.

Auf der Rückreise von London wurde Matejka in Paris von Kardinal Verdier empfangen, dessen große Rede für den Weltfrieden am 10. Dezember 1937 auch in der österreichischen Arbeiterschaft einen tiefen Eindruck hinterlassen hat.

Ich machte mit Matejka nach seiner Rückkehr für die Wiener „Arbeiter-Woche" ein langes Interview. Dieses Interview erschien am 8. Jänner 1938, also nur zwei Monate vor dem Überfall Hitlers auf Österreich. Die wichtigsten Passagen:

„Wenn man sich vor Augen hält, daß die am 16. Dezember 1937 in London versammelten Delegierten aus fast allen Ländern der Erde (ausgenommen Deutschland) 400 Millionen Menschen repräsentierten, so kann niemand leugnen, daß die Kundgebung der Weltvereinigung ein Ereignis von beträchtlicher Bedeutung gewesen ist. Es wird nicht viele Menschen wie Lord Robert Cecil geben, die von sich sagen können, für viele Millionen Menschen eine große Hoffnung zu sein. Sein Name kann nur in einem Atem mit Artur Henderson, Aristide Briand und Woodrow Wilson genannt werden.

Lord Cecil will nur der leidenschaftliche Künder des Programms der Weltvereinigung sein, das bloß vier Punkte umfaßt, deren Einhaltung und Durchführung jedoch der Menschheit ein Leben abseits jeder Kriegsfurcht und mehr Heil bringen würden als irgendein Parteiprogramm, welcher Schattierung immer.

Die vier Punkte fordern:

1. Die Unverletzlichkeit von vertraglich festgelegten Verpflichtungen (wobei die friedliche Korrektur der Friedensabschlüsse von 1919 ins Auge gefaßt ist).

2. Herabsetzung und Begrenzung der Rüstung durch internationale Abmachungen und Beseitigung jeglichen Profits der Rüstungsindustrie.

3. Stärkung des Völkerbundes durch wirkliche Organisierung der allgemeinen Sicherheit und der gegenseitigen Hilfe, um den Krieg zu verhindern oder zu raschem Abschluß zu bringen.

4. Die Schaffung eines wirksamen Verfahrens im Rahmen des Völkerbundes, das geeignet ist, internationale Situationen, die zu kriegerischen Fährlichkeiten führen könnten, zu entspannen.

Für die Verwirklichung der genannten vier Punkte erheben heute an allen Stellen des Globus 400 Millionen Menschen laut und vernehmlich ihre Stimme. Ihr Rufen kann auch nicht vom Kanonendonner in Spanien und China überhört werden. (Den Überfall Italiens auf Abessinien erwähnte Matejka mit Rücksicht auf das Bündnis des Austrofaschismus mit Mussolini nicht. Anm. d. V.)

Der Bischof von Paris, Kardinal Verdier, sieht in der gewaltlosen Gestaltung der Beziehung von Mensch und Staat das dringlichste Problem unserer Zeit. In jeder politischen Gemeinschaft sollen vor allem die Würde des einzelnen Menschen und seine Freiheit gewahrt bleiben. Wie unendlich weit entfernt von dieser Auffassung ist ein sozialer Zustand, in dem das Einzelwesen von der Kollektivität aufgesogen wird und der Mensch nur als kleines Rad fungiert in einer ungeheuerlichen Staatsmaschinerie. Verdier sagte in seiner Rede vom 10. Dezember 1937 wörtlich:

‚Das Ziel einer großen und wahren Politik kann daher nur in der Wahrung von Menschenwürde, Menschenrecht und begründeter menschlicher Freiheit bestehen. Niemand hat daher das Recht, die naturgewollte Ordnung zu ändern, den edlen Begriff des Vorrangs der menschlichen Person neuen Ideologien zum Opfer zu bringen. Und wenn man es tut, so zögert die Natur nicht, ihre Rache zu nehmen. Staaten und Einzelpersonen dürfen nie etwas anderes sein wollen, als Diener der Freiheit! Diese großen Prinzipien werden in der gegenwärtigen Epoche vergessen oder verkannt. Dem erhabenen Vorrang des Menschentums hat man Götzenbilder unterschoben, deren abgöttischer Verehrung die Freiheit häufig geopfert wird.‘

Es unterliegt keinem Zweifel, sagte Matejka, daß diese Worte Kardinal Verdiers auch der österreichischen Arbeiterschaft viel zu sagen haben. Eine Arbeiterschaft, die auch in einem berufsständischen Staat nichts anderes anstrebt als Gleichberechtigung auf politischem, wirtschaftlichem und kulturellem Gebiet, wie das ihren besten Traditionen entspricht, kann für die Entwicklung ihrer Aufstiegsmöglichkeiten nur den Bürger- und Weltfrieden zugleich wünschen. Jeder Weltkrieg schändet das kulturelle Antlitz der Menschheit.

Was für die Arbeiter- und Angestelltenschaft hier im allgemeinen gesagt wurde, gilt im besonderen für deren

Jugend. Die Jugend ist in erster Linie für die Rettung des Weltfriedens berufen.

Es ist ein erfreuliches Zeichen, daß die gesamte österreichische Kulturauffassung – und danach richten sich Politik, Wirtschaft und geistiges Leben in Österreich – in der ganzen Welt immer mehr beachtet und geachtet wird.

Denn nicht auf die Masse, die Zahl, die Propaganda und die Faust allein kommt es an. Die Freiheit der Persönlichkeit und ihre richtige Entfaltung im Staats- und Volksganzen rangieren an erster Stelle, wenn über die Erst- oder Zweitklassigkeit von Völkern entschieden werden soll. Das ist der tiefste Sinn der Demokratie.

Die großen Staaten des Westens sind im Prinzip hier einer Meinung. Diese Länder sind der Stoßtrupp der 400 Millionen Menschen, die für den Weltfrieden kämpfen. Dieser Kampf läßt heute klar erkennen, daß es um die Zukunft der Freiheit geht. Diese Zukunft zu sichern, gehört auch zur Sendung Österreichs."

Die versäumte Emigration

Der Bericht Matejkas über seine Eindrücke und Erkenntnisse von der Festsitzung zu Ehren Lord Cecils, des Präsidenten der „Weltvereinigung für den Frieden", und die Wiedergabe des Gesprächs mit Kardinal Verdier von Paris erschien unter dem Titel: „Weltfriedensbewegung muß siegen" am 8. Jänner 1938 in der „Arbeiter-Woche" auf einer ganzen Seite. Auf Verlangen Matejkas wurde ein Sonderdruck auf Glanzpapier in 5000 Exemplaren hergestellt, der unter den Arbeitern in den Betrieben verteilt wurde. Für die Austrofaschisten war dieser Artikel mehr als eine Peinlichkeit. Dies umso mehr, als Matejka für seine Reise keine offizielle Unterstützung erhalten hatte, ja, gegen den Willen seines Vorgesetzten, des damaligen Präsidenten des Gewerkschaftsbundes, unternommen hatte. Daß mein Artikel überhaupt erscheinen konnte, ist nur dadurch zu erklären, daß der Schatten Hitlers bereits über Österreich fiel. In dem Artikel wurde etliche Male, ohne direkt den Namen zu nennen, auf den Nationalsozialismus und auf Hitler angespielt. Das konnte niemand überlesen. Es war daher nur eine spontane Reaktion der Nazi aus dem Untergrund, daß Matejka im „Österreichischen Beobachter" (Organ der illegalen Nazi in Österreich) wegen seiner Friedensaktivität scharf angegriffen wurde. Das war schon einige Male geschehen, diesmal aber besonders arg. Die Zeichen standen unverkennbar auf Sturm.

In den nächsten Wochen hatte ich mit Matejka keinen Kontakt, da ich für mich Vorbereitungen traf. Ich nahm aber als so sicher wie das Amen im Gebet an, daß Matejka mit Hilfe seiner einflußreichen Freunde in Paris und London sein Asyl gut vorbereitet hatte.

Matejka hatte mit mir über eine etwaige Absetzung ins Ausland nie geredet. Ich war daher in dem guten Glauben, daß er längst sein Asyl – wie der Vizebürgermeister von Wien, Ernst Karl Winter, bereits 1937 in den U.S.A. – bestens organisiert hatte.

Am 10. März 1938, nach Schuschniggs schmählicher Kapitulation tauchte ich, obwohl ich weit weniger gefährdet war als Matejka, bei Freunden in der Provinz unter.

Als ich, durch außergewöhnliche Umstände hervorgerufen, zurückkehren konnte, erfuhr ich zu meiner maßlosen Verblüffung von dem mir gut bekannten Anton Forcher, der dem von Matejka betreuten Kreis der Arbeiterdichter angehörte und in der Arbeiterkammer beschäftigt war, daß Matejka am Montagmorgen, dem 14. März, in die Arbeiterkammer gekommen war, um seinen Schreibtisch zu räumen und seine Habseligkeiten abzuholen. Wie sich zeigte, war er in eine Löwengrube gelangt. Von einem seiner engsten Mitarbeiter, der in sein Zimmer trat, wurde er als verhaftet erklärt und festgehalten. Forcher teilte mir auch mit, daß Matejkas Sekretärin von jedem seiner Briefe eine Kopie angefertigt und den illegalen Nazi ausgeliefert hatte. Diese waren also schon jahrelang über Matejkas Wirken voll informiert.

Ich war sprachlos. Wie konnte sich ein Mensch, der über das gnadenlose System des Nationalsozialismus keine Illusionen hatte, so leichtfertig ans Messer liefern? Baute er darauf, daß er nie einer politischen Partei angehört hatte? Auf diese Fragen konnte mir auch seine Frau keine Antwort geben. Er hatte mit ihr nie über eine notwendig werdende Flucht, allein oder gemeinsam, geredet. Matejka war bereits mit dem ersten Transport von Naziopfern Anfang April in das Konzentrationslager Dachau abtransportiert worden. Über ihr weiteres Schicksal befragt, meinte seine Frau, es werde schon irgendwie gehen. Es ging. Aber wie!

Frau Matejka-Felden erhielt Berufsverbot für sämtliche Gebiete der bildenden und angewandten Kunst. Alle ihre Bilder und Dokumente wurden beschlagnahmt. Auf Betreiben der Wiener Kunstmaler wurde sie auch von den Volkshochschulen verbannt. Um leben zu können, begann sie, sich recht und schlecht mit kunstgewerblichen Arbeiten über Wasser zu halten. Es reichte aber, um ihrem Mann Lebensmittelpakete und Geld nach Dachau zu schicken.

Sie setzte Himmel und Hölle in Bewegung, schrieb an alle Stellen der NSDAP, an den Gauleiter von Wien, Baldur von Schirach, ja sogar an Himmler und Goebbels. Damit erreichte sie immerhin nach fünf Jahren, daß sie ihren „Mucki", wie sie ihn liebevoll nannte, in Dachau besuchen durfte und eine halbe Stunde mit ihm reden konnte. Das war zweifellos ein seltener, wenn nicht der einzige Fall dieser Art. Alle vier Wochen kam von Viktor Matejka ein nichtssagender Brief; mehr war nicht erlaubt. Umgekehrt konnte sie monatlich einen Brief an ihn richten. Meine neue Berufsarbeit und meine ausgedehnte Widerstandstätigkeit ließen mir nur selten eine Möglichkeit, Frau Gerda Matejka zu besuchen.

Vorzeitige Entlassung aus Dachau

Im Hochsommer 1944 besuchte ich meine Eltern in Floridsdorf. Als ich die Straßenbahn zur Heimfahrt bestieg, stand ich plötzlich Matejka und seiner Frau auf der Plattform gegenüber. Ich begrüßte die beiden herzlich. Er war kurz vorher aus dem Konzentrationslager Dachau entlassen worden. Von da an hielt ich mit dem Ehepaar Matejka, so oft wie möglich, Kontakt. Er war bei einer Baufirma im Lohnbüro verpflichtet worden. Inzwischen hatte sich seine Frau einen riesengroßen Hund zugelegt, der bei ihrem Mann keine Zuneigung fand. Vielleicht verursachte die Erinnerung an die Bluthunde der SS in Dachau ein Trauma bei ihm. Matejka war äußerst wortkarg und sprach kein Wort über seine Haft. Ich hütete mich, das Schweigen zu brechen. Er brauchte Zeit zur Erholung seiner schwer verwundeten Seele. Die körperliche Erholung war genauso vonnöten. Um diese zu ermöglichen, halfen Freunde.

Als sich in den letzten Kriegsmonaten der Untergang des tausendjährigen Hitlerreiches abzeichnete, wurde es ruchbar, daß die Nazimörder die Teufelei ausgeheckt hatten, KZ-Häftlinge, die entlassen worden waren, in Uniformen der Waffen-SS zu stecken und an die vorderste Frontlinie zu werfen und somit in den fast sicheren Tod zu schicken.

Es war anzunehmen, daß sie mit Matejka keine Ausnahme machen würden. Der Primarius der chirurgischen Abteilung eines großen Wiener Spitals, ein Nazigegner, nahm Matejka in seiner Abteilung auf und operierte ihm kurzerhand den Blinddarm heraus, obwohl dafür keine medizinische Indikation bestand. Damit war wertvolle Zeit gewonnen. Ich wurde von dieser Aktion sofort verständigt und besuchte Matejka einige Male im Spital, was nicht ohne Risiko war, denn es war anzunehmen, daß er von der Gestapo überwacht wurde. Dies umsomehr, als er sich wöchentlich bei der Polizei melden sollte.

Damals war eine der wichtigsten Informationsquellen über das Kriegsgeschehen der Moskauer Sender „Freies Deutschland“, der nach der Schlacht von Stalingrad von einer Gruppe deutscher Offiziere unter Leitung von General Seydlitz betrieben wurde. Er brachte die unverfälschten Frontberichte. Über diesen Sender sprach täglich der aus Österreich nach dem Februaraufstand 1934 in die UdSSR emigrierte Ernst Fischer. Wann immer es meine Zeit erlaubte, besuchte ich Matejka im Spital und brachte ihm die neuesten Berichte. Bei dieser Gelegenheit kam auch mein Widerstandsdrama „Der Spion“ in seine Hände, über das er mir eine lange Kritik schrieb. Der Brief trägt das Datum: 24. Dezember 1944. Meine „Einladung zum letzten Aufgebot Volkssturm“ zwang mich, mit meiner Frau unterzutauchen, womit der Kontakt zu Matejka im Spital zu Ende war.

Während in den Nordbezirken Wiens noch erbittert gekämpft wurde, kehrte ich mit meiner Frau in unsere Wohnung in Margareten zurück. Es vergingen nur wenige Tage, und Viktor Matejka stand vor der Tür. Er war direkt aus dem Spital zu uns gekommen, wo er zum Glück unbehelligt geblieben war.

Wir überlegten unser weiteres Vorgehen. Es war anzunehmen, daß nach der vollkommenen Befreiung Wiens die Rote Armee die von ihr besetzten Gebiete kontrollieren würde. Jetzt gab ich zum ersten Mal gegenüber Matejka preis, daß ich während der sieben Kriegsjahre einer kommunistischen Widerstandsgruppe angehört hatte, in der der ehemalige sozialdemokratische Nationalratsabgeordnete Laurenz Genner meine Anlaufstelle war. Zu dieser Gruppe zählte auch der spätere Minister Altmann und Hella Postranetzky, die sich von mir die Zugehörigkeit zu unserer Gruppe bescheinigen ließen. Im Hinblick darauf, daß die Dauer der Besetzung Wiens durch die Rote Armee nicht abzuschätzen war, lag es für Matejka nahe, mit der Führung der KPÖ in Verbindung zu treten. Ich arrangierte eine Zusammenkunft mit Ernst Fischer und dem Generalsekretär Friedl Fürnberg. Matejka trat der KPÖ bei und wurde von ihr für den Posten des Stadtrates für Kultur und Volksbildung im Wiener Stadtsenat nominiert.

Ich trat als Redakteur in die erste freie Zeitung, „Neues Österreich", ein, die von den drei demokratischen Parteien gemeinsam gegründet wurde. Ihr Untertitel lautete: „Organ der demokratischen Einigung". Ernst Fischer fungierte gemäß der Vereinbarung der drei Parteien als Chefredakteur.

Frau Gerda Matejka etablierte sich an der Akademie der bildenden Künste. Außerdem rief sie die Künstlerische Volkshochschule ins Leben, für deren Start sie auf meine Intervention hin vom „Neuen Österreich" 10.000 Schilling erhielt. Als Dank dafür mußte ich ihr für ein Porträt sitzen.

Die Scheidung

Nach außen hin schien alles in Ordnung zu sein. Das Ehepaar Matejka hatte eine Wohnung in der Theobaldgasse in Mariahilf bezogen. Anfang 1946, bei einem Besuch bei Gerda Matejka an der Akademie, hörte ich zum ersten Mal, daß es in der Ehe kriselte. Er erzählte mir bei Zusammenkünften im Rathaus nichts. Ich hielt Frau Matejkas Andeutungen für übertrieben.

Eines Tages kam Gerda (wir standen bereits auf du und du) zu uns in die Wohnung und stammelte unter Tränen, daß sich ihr Mucki von ihr scheiden lassen wolle. Ich war äußerst betroffen. Konkrete Gründe wollte oder konnte sie nicht angeben. Klar war nur, daß Matejka die treibende Kraft war.

Ich hatte die Ehe immer für glücklich gehalten. Gerda hatte sich für Viktor während seiner KZ-Zeit zerrissen. Wie dem auch sei, die Scheidung wurde 1948 ausgesprochen. Matejka war inzwischen ins Generalsekretariat der KPÖ aufgestiegen.

Die Zeit des kalten Krieges

Ende 1949 war Matejkas segensreiches Wirken als Kulturstadtrat zu Ende. Die KPÖ hatte ihre politische Position im Parlament und im Wiener Gemeinderat verloren. Die kurze Zeit als Gemeinderat zählte nicht mehr. Matejka wehte der eisige Wind des Kalten Krieges scharf ins Gesicht. Er war persönlich verfemt, eine Unperson. Über sein einzigartiges Wirken als Volksbildner, Förderer von vielen jungen Künstlern (von denen manche heute einen großen Namen haben) legte sich ein Schleier des Schweigens. Matejka führte mit Ernst Fischer und Bruno Frei das „Tagebuch" als großformatige Zeitung weiter.

Gerda Matejka vergrub sich in ihre Arbeit an der Akademie. Am 18. September 1947 wurde sie vom Bundespräsidenten zum Professor an der Akademie der bildenden Künste ernannt und damit pragmatisiert. Die Gemeinde Wien stellte ihr als Anerkennung für ihr künstlerisches Wirken in der Cobenzlgasse in Grinzing ein Grundstück zur Verfügung, auf dem sie ein lichtvolles Atelierhaus aus eigenen Mitteln errichten ließ. Sie zog aus der Theobaldgasse aus. Viktor Matejka verbrachte so manches Wochenende bei ihr. Sie konnte ihn als Ratgeber ja doch nicht entbehren. Sie gründete die Wiener Kunstschule mit Öffentlichkeitsrecht. Für ihr gesamtes Wirken erhielt sie den Staatspreis für Volksbildung, den Würdigungspreis der Stadt Wien für Volksbildung und das Goldene Ehrenzeichen des Bundeslandes Wien. Der Kunstmarkt blieb ihr zu Lebzeiten und auch nach ihrem Tode bisher verschlossen. Gerda Matejka-Felden starb am 27. 12. 1984 im 84. Lebensjahr. Die Gemeinde Wien stellte ein Grab ehrenhalber zur Verfügung.

Rehabilitierung und Anerkennung

Nach dem Abblühen des Prager Frühlings 1968, der bereits die Dämmerung des Kommunismus ankündigte, trat

Matejka aus der KPÖ aus. Damit stand seiner Rehabilitierung und der Würdigung seines Wirkens nichts mehr im Wege. Er wurde mit dem Renner-Preis und anderem ausgezeichnet. Er hat in der österreichischen Kulturlandschaft untilgbare Spuren hinterlassen. Einer, der viel zu seiner allgemeinen Anerkennung beigetragen hat, ist der heutige Wiener Bürgermeister, Helmut Zilk.

Ende der siebziger Jahre wurde Viktor von einer bösen Krankheit heimgesucht. Sein Geist blieb aber ungebrochen. Zu seinen Lebzeiten erschienen zwei Bücher, in denen er seine Erinnerungen, seine Tätigkeiten und seine Begegnungen mit vielen Persönlichkeiten festhielt. Die Titel der Bücher bildeten Zeit seines Lebens sein Programm: „Widerstand ist alles" und „Anregung ist alles". Daneben stand er immer noch vielen Studenten und jungen Künstlern mit Rat und Ermunterung zur Seite.

In seiner Krankheit kam es auch zu Rückschlägen, die nicht zuletzt durch die Kunst der behandelnden Ärzte und durch die sorgsame Betreuung seiner zweiten Frau, die er 1975 geheiratet hatte, pariert werden konnten.

Im Frühjahr 1993 war er aber am Ende seiner physischen Kräfte. Meine Frau und ich besuchten ihn im Spital einen Tag vor seinem Tode. Er war geistig voll da und erkundigte sich, wie weit ich mit dem zweiten Teil meines Romans „Im Zwielicht" sei. Seine Stimme war schon sehr matt. Wir verabschiedeten uns bald. Er drückte mir lange die Hand, richtete sich im Bett auf und küßte meiner Frau die Hand. Ein Kavalier bis zur letzten Stunde.

Am Sterbetag, dem 2. April, weilte ein junger Freund von mir bei ihm, zu dem er verabschiedend sagte: „Ich hab' genug!" Wovon eigentlich? Bruder Hein, der Allgegenwärtige, wußte es.

Fritz Herrmann
Durch dick und dünn

1.

Dir, dem fortgegangenen alten Freund, nachrufen in der dritten Person? Lieber stelle ich mir Dich, trotz alledem, als ein lebendiges Vis-à-vis vor.

So bin ich das ja gewohnt: Daß ich mich seit je von Dir anregen, aufladen lasse und zwischendurch Deinen verblüffendsten Äußerungen Widerstand leiste.

Etwa wenn Du sagst: „Ärgern? Niemals! Ich ärger mich nie, man braucht sich über nix ärgern, alles is nur zum Lachen!" Oder: „Der Minister X. ist trotzdem ein ordentlicher Mensch!" Oder: „Blödsinn! Wie kannstn den Fernseh-Y. einen Korruptionisten schimpfen? Der hat doch eine gute Sendung mit mir gemacht!"

Dir manchmal Widerstand zu leisten, das tat unseren Gesprächen wohl. Deinem ärgerlichen Aufbrausen entsprossen dann erst so richtig, sozusagen, Deine schönsten Redeblumen.

1987 hast Du mir in Nummer eins Deiner Bücher hineingeschrieben, Du erwartetest von mir „saftige Kritik". Und bei Nummer zwei, 1991, schriebst Du mir über die darob ausgebrochene allgemeine Lobhudelei: „Ein anständiger Verriß wär mir lieber."

Nun ja, ganz in die Richtung bring' ich klarerweise nichts zusammen. Aber vielleicht doch etwas davon, etwas munter Diesseitiges, bißl Matejkahaftes.

Wobei ich natürlich diesmal (es geht schon an!) mitnichten so benachteiligt bin wie bisher, z. B. bei meinem letzten Besuch, als Du mir nach drei Stunden vorwarfst: „Was redtst denn heut nix? Hast mir überhaupt nix von dir und deiner Familie erzählt!" und ich antwortete: „Hast mich ja nicht zu Wort kommen lassen!"

Darum mußten ja auch meine Briefe an Dich meist

länger als die Deinen sein. Jeder Niedergebügelte will sich aufrichten.

Ich verdanke Dir viel. Meine Zuneigung begann in den fünfziger, den Kalten-Kriegs-Jahren, als die Linke nicht so verfroren und ins Eck gedrängt war wie heute, aber doch aneinander die Wärme suchte. Ich hielt mich damals für einen schon ausgelernten Artikelschreiber, wurde aber durch Dich beim kommunistischen „Tagebuch" eines Besseren belehrt. Wie Du da, erst fünfzig vorbei aber doch soviel älter als ich, meine Manuskripte grausam, mit Rotstift, blutig zu- und einrichtetest, dabei jeden Eingriff präzis erläuternd... und mich gleichzeitig aufbautest: „Schreibst gar net schlecht!"

Eine Idylle, und hoffentlich gelingt es mir am Schluß auch noch (ich spare mir das auf, weil es meine liebste Erinnerung ist), unser kleines Zusammenwirken beim „Tagebuch", das Sinnvolle daran, zu verdeutlichen.

Später, als es solche Arbeitskontakte nicht mehr gab, diktierte einfach Sympathie unsere Beziehung. Wir harmonierten bei den sonderbarsten Gelegenheiten.

Und ich begann Deinen Ruf zu überwachen. Wie alle Matejka-Kenner bewunderte ich zwar stets Dein heiligmäßiges soziales Temperament, das Dich, einen ständig tagenden Ein-Mann-Gerichtshof, manchem von „denen da oben" unangenehm werden ließ. Aber auch mehr als einmal riskierte ich's, Dich zu kritisieren, frühzeitig schon, als Du Dir im scheinbar sich temperierenden Kalten Krieg Lobhudeleien von eben denen nicht verbatest, die unsersgleichen bisher verrissen hatten.

Bald ja, nachdem Du Dich der KP entfremdet oder Dich von ihr, wie gemutmaßt wurde, getrennt hattest, begegnete Dir das offizielle Österreich immer menschlicher. Wie nett die zu Dir wurden! Der aus dem Rathaus Gedrängte, dessen Verdienste sie noch Jahre danach zu sekretieren versucht hatten, geriet ihnen zum kulturpolitischen Wallfahrtsort. Die Scala-Abwürger und ihre journalistischen Strickezulieferer, die Brecht-, Kraus-, Schönberg-, Kokoschka-Verhinderer, bei Dir zelebrierten sie jetzt gern ihre Demokratie.

Daß die Schlechten Dich loben durften! Es schmerzte mich. Sie krochen Dir in den Hintern und recherchierten dort die Seele eines geläuterten „österreichischen Bolschewiken". So nannten sie Dich zum Beispiel 1974 in einem Dir mild verzeihenden ORF-Interview, zu dem Du Dir freilich bei mir wieder einmal eine „scharfe Kritik, womöglich schriftlich" bestelltest.

Unsere Rituale. Dein öfteres Abfordern von Kritiken. Mein promptes Service. Ich will hier keine Namen nennen, die Leute, um die's da ging, sind heute tot oder für mich sonstwie gestorben.

2.

Zeitlebens gemütlich freilich hatten wir's mit denen, die Du nicht ausstehen konntest, ungschauter nicht, in den Tod nicht. Da klaube ich doch ein paar Namen aus unseren In-den-Orkus!-Gesprächen und -Briefen heraus.

Deine hingefetzten Anihilierungsbriefe! Ich durchblättere sie, lade mich auf beim Wiedererschallen der sinfonia furiosa. Jeder Satz fortissimo. Eruptionen gegen Ernst Fischer. Erfrischende, nicht wiederzugebende Unflätigkeiten (Einsicht nur für Erwachsene!) gegen den Ja-Sager Karl Renner. Anti-Karajan-Tiraden. Auch eine mir zu Ehren gedichtete Trara-die-Hochkultur-Strophe, deren Geschmacklosigkeit mühelos mein eigenes, seinerzeit in dieser Affäre von den glaubwürdigsten Kulturpolitikern des Landes beklagtes Niedrigniveau erreicht!

Wie wir uns da fanden! Da unter anderem verdiente ich mir die Anrede in einem Deiner letzten Briefe: „Lieber alter Freund durch dick und dünn!"

Oder noch heiterer. Einmal besuchtest Du mich, als ich Vertragsbediensteter im Unterrichtsministerium (Palais Starhemberg) war. Mein Schreibtisch stand im prunkvollen gräflichen Ex-Bade- oder, was weiß ich, -Ankleidezimmer, direkt unter einem mächtigen Dollfuß-Ölgemälde. Du warst begeistert von der historischen Kulisse, und ich setzte noch eins drauf und sang Dir mitten in der Amtszeit das mir als Schulkind eingedrillt wordene Dollfußlied vor, das Dein Liebling Rudolf Henz, mittlerweile Präsident des Kunstsenats, verfaßt hatte. Entzückt notiertest Du Dir den Text, später hast Du ihn Dir in einem Deiner Bücher auch pointiert zunutze gemacht.

Wobei Du herzlos genug warst, mich diese zwei Bücher voll bezahlen zu lassen. Während eines Monologs aus dem Kasten hinter Dir ein Exemplar herauszuangeln, mir eine ganze Seite Fröhlichkeit hineinzuwidmen und a tempo zu grummeln: „Schenken tu ich dir nix!"... Kein Matejka-Kenner, dem ich das bisher erzählt habe, hat das bezweifeln wollen.

Das Materielle hast Du ja im übrigen aufrichtig verachtet. Eindrucksvoll, als Du Dich einmal Deiner Bedürfnislosigkeit in Garderobefragen rühmtest: „Schau her, da! Mein Rock! Die Hosn!... lauter gschenkte Sachn!"

Und hättest gewiß auch gern Deine eigene Wohnkultur aufs unmittelbar Praktische, Funktionelle heruntergebracht. Vielberedet Deine in emsiger Negligence geschaffene heroische Archiv-, Bibliotheks-, Galerielandschaft, wo beleibtere Besucher in den immerwährend zuwachsenden Papierschneisen steckenzubleiben drohten. Deine liebe Lina schuf dann freilich gewaltig Remedur.

Und in unserer lustigeren Abteilung auch noch etwas über Deine allbekannten Hähne. Ich hatte auf einer Urlaubsreise für Dich einen besonders prächtigen Hahn erstanden, eine Batik: anspruchsvolles Kunstgewerbe, elegant, teuer. Zuhaus gefiel er mir dann so gut, daß ich ihn Dir vorenthielt und mit ihm mein eigenes Heim schmückte. Nahe dem Hauseingang hängte ich ihn hin. „Paß auf, er nimmt ihn dir weg!" prophezeite meine Frau. Und tatsächlich, bei Deinem nächsten Besuch fiel Dein erster Blick auf das glänzende Stück. Vor dem Schmerzlichen und der Empörung Deines Ausrufs:

„Nein! Das kannst mir net antun!“ konnte ich mich nur noch ins Feilschen retten. Ich spitzte ohnehin schon lang auf ein bei Dir nutzlos herumhängendes Stilleben (und bekam es auch).

3.

In die ernstere Abteilung aber gehört Dein Impromptu über den späten Max Adler, das Du mir geschickt hast, nachdem Du einen Artikel von mir (über die M.A.-Biographie von Alfred Pfabigan) gelesen hattest. Ich setze es hierher. Erstens um eine Lücke zu füllen, denn der Mann wird in Deinen Büchern sonst nur sehr am Rande erwähnt. Zweitens weil ich finde, daß dieser Brief ein besonders hübsches Beispiel für Zügig- und Stimmigkeit Deiner Spontanprosa ist: Obwohl Du das Ganze dem Schriftbild nach locker hinwirfst (am 23. 4. 83, also in Deinem 82. Lebensjahr), in einem Hui zwischen Gegenwart und Vergangenheit hin und her springst, dabei Rempler und Belehrungen austeilst, alles Mögliche mit jedem in Beziehung setzt und kurz auch noch in die Zukunft fragst, stellt sich's am Ende ja doch als ein gut komponiertes Mosaik heraus.

Der M.A. betreffende Teil dieses Briefs (Abkürzungen und Sperrungen wie im Original):

„Am Tag vor der Stimmenzählung (einem Wahltag – F.H.), die mit freier Wahl verwechselt wird, hab ich mit weniger Vergnügen als Behagen gelesen, was Du aufgeschrieben und veröffentlicht hast zum Thema: Widerspruch des Denkens von Max Adler, zu den ‚Verrenkungen und simplen Verfälschungen, mit denen M.A. seine Austromarxifizierung bewerkstelligte.‘ Muß eine Fixlaudon-Arbeit gewesen sein, die Arbeiterbewegung hat daraus nix gewonnen auf die Dauer. Ich greife zurück in die beginnenden Zwanziger Jahre. Gastierte öfter bei Spann, hatte daher das Bedürfnis nach Entspannung, ging daher zu M. Adler, wo nur wenige Leute waren. Der Dozent sprach viel vom N e u e n Menschen, wovon dann auch E. Fischer in der Arbeiter-Zeitung schwärmte. Wie der N.M. ausschaut, konnte ich mir 1934 f. anschaun, als ich den Niedergeschlagenen besuchte. Was ist schon eine Niederlage, selbst wenn sie blutig ist? Geschichte stirbt und lebt. Es kommen Regeneration und sogar ‚Aufschwung'. Der M.A., den ich zu ‚trösten' versuchte, gab sich total niedergeschlagen, verzweifelt, klagend, jammernd. Wo bleibt der N e u e Mensch? So naiv fragte ich den Erschütterten. Ja, es gibt ein Streben nach dem Neuen, sich erneuernden Menschen. Renner hat sich's leicht gemacht. Er zog sich in seine v o r n e h m e Villa aufs Land zurück und brütete aus, was er zur Erneuerung seiner Partei nach dem Ende Österreichs begeistert ausspuckte. M.A. war wie übrigens auch andere SP-Führer und -Spitzenfunktionäre in Gläubigkeit zur Partei = Religions- bzw. Kirchenersatz – verstrickt. Das scheint freilich in kritischer Geschichtsschreibung noch nicht oder kaum auf. Hier hätte neue Theorie, das heißt eine Geschichtsschreibung einzusetzen, die sich von den schlechten Vorbildern in der Parteigeschichte, von der progressiven Verbürgerlichung bis zur Korrumpierung, frei macht. Aber wo sind solche kritische Geister?"

4.

Die zwanziger Jahre, die dreißiger Jahre, der Krieg, die Befreiung Mitte der Vierziger, dann die Regeneration und der Aufschwung, als ich jene Idylle, so empfinde ich's heute, beim „Tagebuch" erlebte.

In den Anfangsfünfzigern schien es mir noch Möglichkeiten zu sozialistischer Umstellung unseres Daseins zu geben. Es gab noch in vielen Köpfen, auch in meinem, dieses, wie nennst Du's?... : das Streben nach dem neuen, sich erneuernden Menschen. Die von mir beim „Tagebuch" erlebte Idylle war auf Angriffslust gegen alles Alte gestimmt.

Vierzig Jahre danach allerdings, Ende 1993, wo das Alte stärker denn je scheint, lese ich auf einem Plakat, das eine Dir gewidmete Veranstaltung im Festsaal des Wiener Rathauses ankündigt, ein Motto, das ich nicht unwidersprochen lassen darf:

„Der Sinn des Lebens ist das Leben, sozusagen das Leben leben lassen. Wer mehr braucht, wird abgespeist von vielerlei Quacksalbern. – Viktor Matejka."

No ja. Da muß ich Dich vor Deinen Vereinnahmern und vor Dir selber in Schutz nehmen. So ein Laissez-faire-Konservativer warst Du nie. Das „Tagebuch" betrieb keine Lebenshege und -pflege, sondern Indoktrinierung. Kultivierte, versteht sich. Es war eine von Dir geleitete linkshumane, klug dosierte Ideologieofferte an eine insgesamt leider nicht interessierte Gesellschaft. Die hätte das ja gebraucht. Aber sie lebte lieber doch unbelehrt, verbat sich die Thematisierung von alter Nazismus- und neuer Atomkriegsgefahr als KP-, Klassenkampf-, Russenpropaganda. So einfach war das damals (und blieb es so Jahrzehnte).

Du und das „Tagebuch". Du warst sein Hauptredakteur, genauer: der einzige überhaupt. Die Mitherausgeber Ernst Fischer und Bruno Frei waren wenig mehr als Aushängeschilder. Außer daß sie ab und zu einen Artikel schrieben, beschränkte sich ihre Anteilnahme auf die Rolle eher schlampiger Politkommissare: Meines Wissens versuchten sie immer erst im nachhinein, nach dem Erscheinen einer Nummer, Dich für die nächste auf die sogenannte Linie, Parteilinie, zu bringen.

Für mich warst Du, der die Arbeit machte, das „Tagebuch". Schon meine erste Manuskriptablieferung dort, in der Wohllebengasse, Ecke Prinz Eugenstraße! Ich klingelte am Haustor. Jemand, nämlich Du, schlurfte durch den Flur heran. In Schlapfen. Du ließest mich ein, und während ich Dir in das in den Flur mündende Redaktionszimmer folgte, sagtest Du im Vollgefühl Deines Selbstwertes: „Beschissn... mein eigener Hausmaster muß i sein."

Da also entstand das von Dir gemachte Intellektuellenblatt. Da schaute ich Dir gespannt über die Schulter, wenn Du meine Beiträge, meistens Film- und Ausstellungsreferate, akribisch durchgingst.

Dabei bekritteltest Du nie den Inhalt. Dieses Hauptproblem anderer KP-Blätter, wo ständig die Linie diskutiert und der Journalist darauf hindiszipliniert wurde, war Deinem „Tagebuch" unbekannt.

In Kunstfragen galt damals der Sozialistische Realismus als verpflichtend. Ich selber hatte das lange Zeit als nicht so unrichtig gefunden, schließlich aber doch, und das „Tagebuch" wurde der Ort, wo ich das mit mir öffentlich ausmachen konnte: Mitten in meiner kulturellen Klassenkampfschreibe tauchten frivole Infragestellungen des herrschenden Shdanowismus auf, und zwischen zwei sehr befriedigenden Breitseiten gegen das falsche Bewußtsein aller Nichtlinken, Nichtmarxisten fiel oft ein Seitenhieb gegen die lähmenden „Beschlüsse des Zentralkomitees der KPdSU (B) zu Fragen der Literatur und Kunst (1946–1948)".

Pimperlketzereien. Aber wie wichtig das schien, es vielleicht auch war, unter uns jedenfalls seinen Stellenwert hatte!

Du nahmst das immer leicht auf die Schulter, über die ich Dir schaute. Bei Dir gab's Gedankenfreiheit. Und Dein Temperament, wenn Kritik aus dem eigenen Lager kam oder der politische Gegner sich mit Dir anlegte! Schön, Dich in Aktion zu sehen. Das machte Mut.

Wie das „Tagebuch" doch die Welt bewegte!

Heute, nach den vielen Niederlagen, weiß ich, daß Du damals wenig bewegt hast und ich schon gar nichts. Das Leben ist ungerührt weitergegangen, ganz im Sinne derer, die uns nicht gebraucht haben. Aber Mißerfolg beweist ja nichts, und ich nähme es nicht hin, wenn Du am Ende vielleicht sagtest, wir hätten uns sinnlos bemüht. Wir selber, dieses gute Gefühl habe ich, haben uns damals keineswegs mit Nichts abgespeist.

Erlaube mir, lieber alter Freund, daß ich Dich anagitiere: Was sind schon Niederlagen? Geschichte stirbt und lebt, und Du, selbstverständlich, hast das mit ihr gemeinsam.

Ernst Hinterberger
Der Schmäh ist vorbei

Viktor Matejka war ein unbequemer unbeugsamer Mann. Davon zeugen auch seine Alterswerke, von denen „Anregung ist alles“ und „Widerstand ist alles“ noch zu seinen Lebzeiten erschienen sind.

Was er gar nicht mochte, war als Herr Stadtrat oder Herr Doktor angesprochen zu werden. Und er redete auch meist in einem sehr dem Dialekt angenäherten Umgangston, liebte, wenn er einen Menschen kannte, das vertraute Du, war auch mit meiner Frau und mir fast sofort per du, wie mit allen, die er als seine Freunde ansah.

„Ich bin der Vikerl“, legte er fest, „und ihr zwei die Gretl und der Ernstl.“ So hielt er es auch mit sehr prominenten Leuten, die für ihn auf Grund seines Alters mehr oder weniger alle Buben und Mädeln waren.

Der Vikerl liebte das, was man in Wien einen gsundn Schmäh nennt, und noch viel mehr den Widerspruch. Oft genug machte er eine nicht ernst gemeinte Bemerkung nur, um widerlegt werden zu können. Dabei lotete er aus, wes Geisteskind sein Gesprächspartner war. Darum war jedes Gespräch mit ihm ein Gewinn: Man mußte Stellung beziehen und dabei über sich selbst nachdenken; und oft genug stand man seinem Wissen gegenüber als geistiges Nackerbatzl da, doch schlug er kein Kapital daraus. Denn er hatte große Freude daran, anderen einen gangbaren, bisher unbekannten Weg zu zeigen.

Er liebte auch den natürlichen Umgang zwischen Menschen und hatte für die bei uns grassierende Titelsucht nur gutmütigen Spott über. Wenn einer – was in Wien oft vorkommt – zum Beispiel den Professorentitel oder einen Orden anstrebte, setzte er sich zwar für ihn ein, sagte aber doch dazu: „Wenn der so teppert ist und unbedingt geehrt werden will, damit er ruhig schlafen kann, helf ich ihm dabei. Soll er halt die Freud haben.“

Wir kannten ihn eigentlich nur während seiner letzten zehn oder fünfzehn Lebensjahre, und da war er kein eleganter Mann, sondern zeigte sich am liebsten in ausgebeulter Hose und irgendeiner Wollweste, aber das vergaß man, sobald er mit einem zu reden anfing. Von sich sprach er nicht gern, aber wir wußten, daß er praktisch im Alleingang, im tiefschwarzen Ständestaat die Volksbildung und ihre Büchereien vor der absoluten Gleichschaltung bewahrt und, nach 1945, das Wiener Kulturleben praktisch aus dem Nichts auf die Beine gestellt und angekurbelt hatte. Die Verwirklichung eines Lieblingswunsches, nämlich die Rückholung der von den Nazis zur Emigration gezwungenen Personen, war ihm allerdings versagt; den damaligen Politikern schien eine solche nicht opportun.

Es gibt kaum einen Künstler, der ihm nicht dies oder jenes verdankt, und keinen, den er nicht als seinen Freund bezeichnete.

Vikerl war groß, trug zeitweise einen Bart, aber immer das Haar recht kurz, schaute nicht heldisch aus, kämpfte aber Zeit seines Lebens durchaus heldenhaft gegen Dummheit, Gleichgültigkeit und Barbarei, landete dafür unter den Nazis im KZ und war später als Kommunist nicht so lange Kulturstadtrat, wie er es hätte sein sollen. War vielen wohl zu unbequem, inopportun und zu wenig „kompromißbereit", war aber trotzdem immer da: widersprechend, die Wahrheit fordernd und anregend für Generationen.

Meine Frau, mit der er gern über politische Themen und gemeinsame Bekannte aus dem Kampf gegen die Nazis sprach, und ich besuchten ihn einige Male in seiner nicht nur einem, sondern mehreren Archiven gleichenden Wohnung in der Theobaldgasse. Dort gab es lange und hohe Regale mit Ordnern, Zeitschriften und vor allem Büchern, letztere oft vom Autor mit einer Widmung versehen – und Bilder, von seiner ersten Frau, die Malerin und ebenfalls Volksbildnerin gewesen war, aber auch

Porträts in allen Größen von ihm selber, die Freunde gemalt hatten – und natürlich von seinen geliebten Hähnen.

An unseren Gesprächen nahm jedes Mal auch seine zweite Frau teil, die ihm wahrscheinlich die wertvollste Stütze und Partnerin seines Alters war und nicht nur ihn, sondern auch seine Manuskripte betreute und ihm eine immer liebevolle unentbehrliche Gefährtin war. Sie betreut jetzt seinen Nachlaß. Seine Briefe schrieb er, wenn es ihm die schwere Krankheit erlaubte, fast immer mit der Hand, und er wollte auch gerne solche bekommen; nur bei Leuten mit unleserlicher Handschrift wie meiner tolerierte er Maschin- oder Computergeschriebenes.

Wer Vikerl besuchte, wurde sofort und mit Nachdruck auf eine Neuerscheinung hingewiesen. Er beschrieb einem das betreffende Buch, lobte es und den Autor und nahm einem das Versprechen ab, es möglichst bald zu lesen. Er hatte aber oft auch einige Exemplare der betreffenden Neuerscheinung in der Wohnung lagernd, und man konnte diese zum Autorenpreis kaufen. Auch mir ist, zumindest bei einem Buch von mir, dem Sozialroman „Kleine Leute" diese Ehre widerfahren, und so haben es ein paar Leute in die Hand bekommen, die es wahrscheinlich in einer Buchhandlung nicht gekauft hätten.

In den letzten Jahren war Vikerl schwer krank. Es gibt einen von ihm an Freunde versandten Brief, der in seiner Art erschütternd ist und den ungeheuren Lebenswillen eines Mannes schildert, der Aufgeben nicht kannte. Vikerl mußte in den letzten fünfzehn Lebensjahren mehr als ein Dutzend Krebsoperationen über sich ergehen lassen. Er kämpfte mit aller Kraft gegen den trotzdem immer näherkommenden Tod, bezeichnete sich selbst als Restruine oder Ruinenrest, verließ die Wohnung nur mehr, um dabeizusein, wo man auf ihn ganz und gar nicht verzichten wollte. Er wurde im Rettungswagen hingebracht und tauchte dann, im Trainingsanzug, mit angehängtem Urinabflußsackerl und im Rollwagen sitzend, auf, war, obgleich er das nicht wollte, sofort Mittelpunkt und von Freunden umgeben.

In seinen letzten Jahren entwickelte er einen Schmäh, an dem er viel Freude hatte, nämlich seinen Handkuß. Traf er einen Freund, gab er wie üblich die Hand. Aber wenn man sich nach einem immer guten Gespräch verabschiedete, nahm er die dargebotene Hand und führte sie zum Munde, als wollte er sie küssen. Im letzten Moment drehte er aber die Freundeshand nach unten und küßte seine eigene, was zumindest für Zuschauer unbemerkt blieb. Es gibt Photos, auf denen man das deutlich erkennt.

Einige Wochen vor seinem Tod wollten meine Frau und ich den Vikerl wieder besuchen und vorher anrufen, schließlich hatte er viele Freunde, und man mußte sich anmelden. Aber seine Frau sagte uns, der Viktor sei wieder im Spital und diesmal sei es besonders ernst. Deshalb fuhren wir am nächsten Tag ins Spital.

Unser Vikerl lag, noch magerer als sonst, betreut von seiner Frau und schon vom Tod gezeichnet, in einem Mehrbettzimmer und freute sich sichtlich über unseren Besuch. Reden konnte er allerdings nicht mehr viel, er war schon zu schwach dazu. Aber er war noch voll da und hörte uns zwar angestrengt, aber mit seiner üblichen Intensität zu.

Wir redeten wie gewohnt über alles Mögliche, erfuhren, daß ihn am Vortag der Wiener Bürgermeister („der Helmut") besucht hatte und in einigen Tagen Simmel („der Mario") kommen würde, erzählten ein bißchen Privates, ich redete über meine letzte Arbeit für das Fernsehen, von der er erfahren wollte, wir fragten ihn, wie weit er mit seinem Buch war und erfuhren, daß es im großen ganzen handschriftlich vorhanden war und seine Frau bereits an der Übertragung in die Schreibmaschine arbeitete. Er hoffte, daß es im Herbst erscheinen würde.

Als wir sahen, daß er langsam Kraft und Konzentration verlor, verabschiedeten wir uns. Und da passierte es, daß er mir nicht bloß vorgetäuscht, sondern tatsächlich die Hand küßte. Ich fühle diesen Kuß noch heute auf meinem Handrücken und erlebe nochmals das sich jeder Beschreibung entziehende Wissen, daß uns bereits der Tod über die Schulter schaute und für Vikerl die Zeit des Schmähs vorbei war.

Damals in diesem unschönen Spitalzimmer wußten wir beide, daß Vikerls Kampfkraft gebrochen war und wir einander nicht mehr wiedersehen würden.

Kurz nach diesem Besuch fuhren wir auf Kur nach Loipersdorf bei Fürstenfeld und sprachen dort einige Male von Vikerl und wie es ihm gehe, wollten aber seine Frau nicht anrufen, weil sie ohnehin genug auf sich lasten hatte.

Und dann tauchte eines Abends während der TV-Nachrichten Vikerls Bild am Monitor auf. Und wir wußten, noch ehe der Sprecher etwas zum Bild sagte, daß unser Vikerl seinen letzten Kampf, den ums Leben, verloren hatte.

Erst später erfuhren wir, daß es – sicher zum Leidwesen einiger notorischer Redebereiter – kein Begräbnis und daher auch keine Reden geben würde. Vikerl hatte seinen Leichnam dem Anatomischen Institut vermacht. Und irgendwelche Leute, die keinerlei Beziehung zum Lebenden gehabt hatten, würden nun den Toten zerschneiden, Studien machen, vielleicht einige Organe konservieren, den Rest aber auf die übliche Weise entsorgen.

Es wird also für Viktor Matejka, der Bürger der Stadt Wien war, kein Grab geben. Aber das ist ganz in seinem Sinn! Denn was ist schon ein Ehrengrab? Letztlich ebenso bedeutungslos und „teppert“ wie der Professorentitel ehrenhalber, Orden und dergleichen.

Und wir, seine Freunde, werden sein Andenken, auch ohne Grab, ganz bestimmt in Ehren halten. Ja, noch mehr: wir werden uns zeitlebens bei jeder wichtigen

Äußerung oder Stellungnahme insgeheim fragen: Was hätte der Vikerl dazu gesagt? Und versuchen, seinen hohen moralischen Maßstab wenigstens einigermaßen zu erreichen.

Gerda Hoffer
Die rote Nelke

Es ist natürlich möglich, daß Erinnerung täuscht, aber ich könnte schwören, daß vor 50 Jahren Wien drei Mal so groß war, wie es heute ist. Auch die Indianerkrapfen von anno dazumal lassen sich nicht mit den zierlichen, geschmacklosen Dingern von heute vergleichen. Und erst die Menschen! Wo findet man nun jemanden in Wien, der dem jungen Viktor Matejka ähnelt?

Bereits bei unserer ersten Begegnung machte er mir klar, daß er nichts von Titeln oder Spanischem Hofzerimoniell hielt. Er verbat mir aufs Energischste, ihn mit „Onkel" anzureden und drohte mit Schokoladeentzug, falls ich es ein zweites Mal wagen sollte, ihn mit „Küß die Hand" zu begrüßen.

Auch Altersunterschiede machten keinerlei Eindruck auf Viktor. Mir brach fast das Herz, als ich ihm erklären mußte, daß ein zehnjähriges Mädchen doch wirklich zu alt sei, um mit den herrlichen bunten Bällen zu spielen, die er für mich mitgebracht hatte. „Na dann eben nicht." erwiderte er gleichmütig und begann, sie an die Decke zu werfen, wieder aufzufangen und mit ihnen den ganzen Nachmittag lang all die Dinge zu tun, die mir, zu meinem Leidwesen, meine fortgeschrittenen Jahre nicht mehr erlaubten.

Seine Einstellung zur deutschen Grammatik ist der Grund meiner etwas respektlosen Haltung gegenüber dieser präzisen Wissenschaft. Das war an einem Sonntag Nachmittag, glaube ich. Elias Canetti, Ernst Waldinger, Theodor Kramer und noch einige andere spätere Literaturbonzen saßen auf unserer Veranda und stritten stundenlang mit meinem Vater, ob man „Ich bin am Balkan geboren." oder „Ich bin im Balkan geboren." sagen müsse. Viktor zog mich ins Vorzimmer und flüsterte: „Wir holen uns jetzt ein Himbeereis. Ich wette mit Dir um ein zweites, daß, wenn wir zurückkommen, die noch immer streiten und unsere Abwesenheit gar nicht gemerkt haben." Natürlich gewann er die Wette.

Auch das „Nicht genügend" in Geometrie muß ich ihm in die Schuhe schieben. Das kam so: Unsere Aufgabe war, ein Riesenzeichenblatt mit absolut gleichmäßigen Dreiecken zu bedecken und dann, jedes mit einer anderen Farbe zu beschmieren. Weder mein Vater, noch meine Mutter, von mir ganz zu schweigen, brachte das Kunststück fertig. „Da sind 35 Groschen, fahr in die Rufgasse. Frau Matejka ist doch Malerin, die wird dir das in zwei Minuten erledigen." entschied mein Vater. In der kleinen Wohnung in der Rufgasse war aber nur Viktor anwesend. Er hörte sich kopfschüttelnd meine Bitte an. „Na und wer hat schon was davon, wenn du dieses schöne weiße Papier so schändlich mißhandelst? Komm, setz dich lieber her und lern was G'scheites." Er offerierte mir einen schönen alten Lehnstuhl und begann, im Zimmer auf und ab schreitend, mir von den Intrigen am Byzantinischen Hof zu erzählen. Für jede davon fand er ein passendes Gegenstück des damals herrschenden Dollfuß-Regimes. Noch heute lese ich selten einen Zeitungsartikel, der mich nicht an diese unvergeßliche Lehrstunde erinnert.

Den bevorzugten Platz in meinen Erinnerungen nimmt aber die große, rote Nelke ein, die mir Viktor schenkte. Die war mindestens so groß wie die damaligen Indianerkrapfen. Leider aber hatte diese herrliche Blume nicht das Geringste mit Romantik zu tun. Im Gegenteil, der Grund des Geschenkes war der erdenklichst nüchternste. Die Wiener Polizei hatte nämlich solche Angst vor uns Backfischen, daß sie meinen gesamten Freundeskreis, einschließlich meiner Wenigkeit, wegen „kommunistischer Umtriebe" Hopp nahmen. Dr. Steinitz' juristischen Künsten, verbunden mit Viktors unermüdlichen Bemühungen, gelang es, mich in den letzten Tagen des Jahres 1937 aus den Krallen der Staatsgewalt zu befreien. Na und zur

Feier des Tages schenkte er mir dann eben die besagte rote Nelke.

Ich glaube, die Sache mit der falschen Prophezeiung fand auch an diesem Abend statt. Jedenfalls sehe ich immer eine große Weinflasche vor Augen, wenn mir Viktors Auftritt als biblischer Prophet in den Sinn kommt. Damals hatte er zwar noch keinen langen, wallenden Bart, aber dafür stand er auf einem Sessel, schwang die Weinflasche wie ein Zepter um sein Haupt und erklärte laut und deutlich, daß Hitlers Infamie nun ihren Höhepunkt erreicht habe, daß es nicht schlimmer werden könne, im Gegenteil: Uns allen stehe nun eine goldene Zukunft bevor. Wenige Wochen später, als Schuschnigg gerade wie ein begossener Pudel aus Berchtesgarden zurückkehrte, stellte mein Vater Viktor zur Rede: „Weißt du, als Freund schätze ich dich ja sehr, aber als Prophet mußt du dir dein Lehrgeld zurückgeben lassen." Und was war die unerwartete Antwort? „Aber Steffel, wenn ich all diese Gemeinheiten vorausgesehen hätte, wäre ich doch der gleiche Schuft wie Hitler. Wie kann sich denn ein anständiger Mensch so etwas ausdenken?"

Wenige Tage später war Viktor in Dachau und die Welt meiner Kindheit im Meer der Erinnerungen versunken.

Darum sage ich eben: Für mich ist Wien nicht mehr Wien. Wie kann denn ein bemalter Fernheizturm oder ein moderner Glaspalast mitten auf dem Stephansplatz einen Ersatz für Wiens größtes Ehrenmonument, Viktor Matejka, bieten?

Alfred Hrdlicka
Ein Allesfresser

Viktor Matejka sah ich zum ersten Mal Anfang 1946. In seiner Funktion als Kulturstadtrat eröffnete er ein Schachtournier, veranstaltet von der sowjetischen Tageszeitung ÖZ. Ein kurzes Zerimoniell, denn mit Schach hatte Matejka nichts im Sinn. Ich wurde ihm als der jüngste Teilnehmer vorgestellt, und an mehr kann ich mich nicht mehr erinnern. Zu meinem Erstaunen sah ich ihn einige Zeit später, als Kopfmodell engagiert, in der Vorschule von Gerda Matejka-Felden an der Akademie der bildenden Künste. Wenn die Frau Professor von ihrem Mann sprach, nannte sie ihn ganz familiär „Mukki". Für einige Zeit war Rudolf Hausner bei ihr Assistent. Mit ihm verstand ich mich recht gut, was Frau Matejka-Felden nicht sehr gern sah, denn ich zählte von Anfang an zu ihren Lieblingsschülern. Meine expressive, farbenfreudige Ausdrucksweise gefiel ihr. Aber unter dem Einfluß von Hausner und Tasquil, der auch öfter in der Vorschule gastierte, begann ich in verschiedenen Kunststilen, vorzugsweise konstruktiv-geometrisch zu arbeiten – was man halt so abstrakt nennt.

Vielen meiner Mitschüler schien jedoch schon der Stil von Matejka-Felden – sie vertrat einen expressiven Impressionismus – viel zu gewagt, und anläßlich einer Faschingsveranstaltung dichteten sie:

„Frau Professor Matejka hat die Farbencholera,
was für uns ein schlichtes Grau,
ist für sie ein Zwetschkenblau." usw.

In seiner Funktion als Kulturstadtrat habe ich Viktor Matejka nie besucht oder gesprochen. Erst nach 1950 – ich trat um diese Zeit in die KPÖ ein – besuchte ich ihn in der Redaktion der Kulturzeitschrift „Tagebuch". Von meinen mitgebrachten Arbeiten war Viktor Matejka nicht sonderlich beeindruckt, obgleich er sich für alles und jedes, was mit bildender Kunst zu tun hatte, interessierte. Im Prinzip war er ein Allesfresser, was Vorlieben nicht ausschloß.

Die kommunistische Partei und die bildenden Künstler waren ein Kapitel für sich. Viktor Matejka hielt nicht viel vom Kunstverstand seiner Genossen, und mit Ernst Fischer, der so etwas wie ein Kunstpapst war innerhalb der Partei, lebte er auf Kriegsfuß. Warum? – Darum.

1954 produzierten Rudolf Schönwald (unter dem Pseudonym „Schemansky"), Georg Eisler, Fritz Martinz und ich eine Linolschnittmappe, betitelt „Soldatentreffen", ein damals ungemein aktuellles Thema. Der KPÖ war das viel zu politisch!!! Viktor Matejka war auch nicht besonders begeistert, widmete aber dem „Soldatentreffen" eine kurze Besprechung und lud uns nach unserem Besuch im „Tagebuch" zu einem Nachtmahl ein. Die Kulturpolitik der KPÖ war mir immer ein Buch mit sieben Siegeln. Ihr sektiererischer Charakter repräsentierte den Geist der Partei. Matejka war eine große Ausnahme. Ich hielt es jedoch mehr mit Ernst Fischer, der mir zum Beispiel die Persönlichkeit von Dr. Karl Renner trefflichst schilderte und mein Renner-Denkmal als gelungene Charakterstudie bezeichnete. Viktor Matejka war im Prinzip gegen alles, was mit Renner zu tun hatte. Das betrifft auch mein Denkmal.

Viktor Matejka wurde 1957, gleichzeitig mit meinem Vater und anderen ZK-Mitgliedern, zu einem gewöhnlichen KPÖ-Mitglied degradiert. Ob er später ausgeschlossen wurde oder ausgetreten ist, weiß ich nicht. Ursache war die parteiinterne Auseinandersetzung mit den Ereignissen in Ungarn 1956.

Helmut Zilk sprach immer von seinem großen Vorbild Viktor Matejka in bezug auf Kunstförderung und Liebe zur Kunst. Matejka war ein Mann der ersten Stunde nach 1945, und wenn man das Wiener Festwochengeblödel von heute an seinen Ambitionen mißt, dann kann man nur von Wohlstandsverwahrlosung reden oder, besser gesagt: die Kulturbürokratie ergeht sich in Selbstverwirklichung.

Matejka sah sich nicht als Mäzen. Aber er tat, was immer er konnte, für die Künstler. Wenn Kuratoriumslemuren heute im Namen des Unterrichtsministeriums Statements abgeben, daß man mit der Förderung von Künstlern nichts im Sinn hat, dann kann ich nur sagen: „Gute Nacht!"

Viktor Matejka war, nicht nur solange er im Amt war, für die Künstler Tag und Nacht da. Darauf war er stolz, und das nicht zu Unrecht.

Peter Huemer
Ein Sieg trotz vieler Niederlagen

Es muß Anfang der achtziger Jahre gewesen sein: Viktor Matejka konnte noch gehen, und Josef Cap übte gerade fleißig den aufrechten Gang. Seine „Drei Fragen an Theodor Kery" hatte er schon gestellt oder war gerade im Begriffe, sie zu stellen. Cap, damals ein rebellischer Jungsozialist, war mit mir im Café Museum verabredet, und Viktor Matejka stieß unvorhergesehen dazu. Das schuf meines Erinnerns eine leicht gereizte Atmosphäre, weil Cap und ich irgendwas besprechen wollten, was aber durch Viktors raumfüllende Präsenz und Dominanz verhindert wurde. Wie es dann zwischen den beiden zum Streit kam, habe ich vergessen. Ich weiß nur mehr, daß er heftig war und daß es um die Frage gegangen ist, bei welchem festlichen Anlaß ein Ministrant bessere Chancen auf ein anständiges Trinkgeld hat: bei Hochzeiten oder Begräbnissen. Ich habe auch vergessen, wer welchen Standpunkt vertreten hat, aber ich weiß noch, daß ich den Streit entscheiden sollte und nicht konnte, weil ich mich zu wenig auskannte und weil beide Seiten höchst überzeugend aus dem reichen Fundus ihrer persönlichen ministrantischen Erfahrung schöpften.

Jeder, der Viktor Matejka auch nur ein bißchen gekannt hat, kann solche Geschichten über ihn erzählen, merkwürdige und komische, überraschende und bizarre. Noch besser als die Geschichten über ihn waren die Geschichten, die er selbst erzählt hat: literarische Beiträge zur höchst notwendigen Ergänzung der Geschichte der Republik – da, wo sie am verschwiegensten und wo sie am verlogensten ist.

Manchmal schien er mir selber eine literarische Figur zu sein, weil er so unwirklich wirkte inmitten der wirklichen österreichischen Wirklichkeit – obwohl er viel vitaler war als diese. In Nestroys „Früheren Verhältnissen" tritt der Hausknecht Muffl auf, der alle Verlogenheiten, Anmaßungen, Vergangenheitsvertuschungen seiner Herrschaft kennt – und diesem Umstand verdanken wir einen der schönsten Sätze der österreichischen Literatur: „Oh, ich will euch ein furchtbarer Hausknecht sein."

Genau so einer war Viktor Matejka. Zum Beispiel bei den Kommunisten. Man möge sich vorstellen: das stalinistische Haus. Wie sie beim (zugegebenermaßen eher kargen) Mahle sitzen, die Überlebenden des Naziterrors, man steht nicht an, für viele von ihnen das feierliche Wort „Held" zu verwenden, die Intellektuellen weit oben an der Tafel, von schwerer Verfolgung gezeichnet, aber endlich in Sicherheit, und die Welt schiene ein bißchen mehr in Ordnung als zuvor, wäre da nicht dieser durchdringende Leichengestank aus dem Keller und sähe die Hausordnung nicht vor, daß die Fenster geschlossen zu bleiben haben; und hieße es nicht ferner: „Nichts sehen, nichts hören, nichts riechen! Und nicht in den Keller gehen!" Und da kommt dieser furchtbare Hausknecht, selber ein Held, im Fünfundvierzigerjahr bei der Tür herein und verkündet lauthals: „Da stinkt's, im stalinistischen Haus! Wir sollten die Fenster aufmachen und den Keller ausräumen!"

Bekanntlich ist das damals alles nicht passiert und am Ende blieb Viktor Matejka nicht viel mehr, als auf Parteisitzungen Stricherln zu machen: wie oft einer „Stalin" sagt, und so den Stalin-Stunden-, vielleicht sogar Minutenschnitt auszurechnen. Ein trauriger Spaß am Ende gescheiterter Hoffnungen. Mag sein, daß Viktor Matejkas kommunistisches Engagement zumindest theoretisch kein Mißverständnis war, unter den gegebenen historischen Bedingungen endete es jedenfalls als Niederlage.

Es war nicht seine schmerzlichste. Die – nach eigener Bekundung – „kältesten Füße seines Lebens" hat er sich nach 1945 als Wiener Stadtrat für Kultur und Volksbildung bei dem Versuch geholt, die vom Nationalsozialismus verjagten jüdischen (auch die nichtjüdischen) Österreicher einzuladen, wieder in ihre alte Heimat zurückzukehren. Mit dieser Idee, den durch die Nazis geschaffenen Zustand eines fast „judenreinen“ Österreich nicht einfach als Fügung zu akzeptieren, sondern den status quo ante – soweit überhaupt möglich angesichts der Millionen Ermordeten – wiederherstellen zu wollen, stand Viktor Matejka als Politiker buchstäblich mutterseelenallein, verlassen auch von einstigen KZ-Kameraden, die politisch etwas zu sagen hatten. Wir werden ihn als einen unserer „Gerechten“ noch dringend brauchen, wenn all das, was damals geschehen und nicht geschehen ist, endgültig und unwiderruflich ins kalte Licht der Geschichtsschreibung rutscht.

So viele Niederlagen Viktor Matejka erlitten haben mag, keiner, der ihn kannte, wäre je auf die Idee gekommen, ihn für einen Verlierer zu halten. Ganz im Gegenteil. Alle, die ihn als aktiven Politiker in Wien erlebt haben, bestätigen seine nimmermüde Kraft, seinen energischen Pragmatismus und sein parteipolitisches Desinteresse, wo er helfen konnte. Aber nach vier Jahren war es vorbei. 1949 mußte er als Stadtrat zurücktreten.

Jahrzehntelanges Totschweigen folgte. Daß es mißlang, ist vor allem ihm selber zu danken. Inzwischen hatte er längst eine treue Gemeinde um sich geschart. Im letzten Jahrzehnt seines Lebens erhielt er einige Ehrungen und Auszeichnungen.

Daß Viktor Matejka in unserer Republik nicht mehr zu reden hatte, spricht gegen diese, nicht gegen ihn.

Lotte Ingrisch

Ich glaube, er war selbst ein Hahn.

Und hat viele Schläfer geweckt. Ein früher Verkünder des Morgens.

Viktor Matejka? Als vor 30 Jahren mein erstes Theaterstück, „Salzpuppen“, gespielt wurde, schrieb er mir beinahe einen Liebesbrief. Einmal, viel später, aßen (und tranken!) wir bei der legendären Hermi in der Kumpfgasse miteinander, und er hat von seinen Hähnen erzählt und von der Zeit nach dem Krieg. Alles, was er sagte, war klar, einfach und großartig. Als Bürgermeister Zilk ihn zum Bürger ernannte, sah ich ihn zum letzten Mal.

Ich glaube, Gott erschuf ihn am achten Tag.

Lucia Kellner
„Das wäre doch gelacht“

Um einen Tag meiner Begegnung mit Viktor Matejka herauszugreifen, gehe ich um 12 Jahre zurück. Er besuchte mich in meinem damaligen, fast unterirdisch gelegenen Atelier in einem Gemeindebau des Jahres 1929 in der Gartenstadt am Tivoli im 12. Wiener Bezirk.

Wirbelnd und ungemein interessiert sauste er herum, eine Zigarette nach der anderen rauchend. Alle Bilder wollte er gleichzeitig sehen und meine Motivationen dazu wollte er hören. Dazwischen prasselte Idee auf Idee, wie und wem ich meine Bilder zeigen sollte. Sein „Alles muß gehen, das wäre doch gelacht!“ wurde immer wieder unterbrochen von Erzählungen und Episoden aus seiner Funktion als Kulturstadtrat vor 1949.

Ich konnte ihm sehr schwer erklären, daß mittlerweile die Künstlerschaft von Wien um ein Riesiges angewachsen war und es eben deshalb weniger Übersicht und weniger Möglichkeiten für den Einzelnen gäbe. Mit einer Handbewegung und dem lakonischen „Auch mehr Kulturbeamte gibt's jetzt!“ war er über dieses Thema weggesprungen. Ich kam mir damals vor, als säße ich in einem Kellertheater und schaue einem Mann vom Kaliber eines Hemingway bei einer Ein-Mann-Präsentation zu. Jedoch einem Hemingway, der keine Absicht hat zu verzweifeln.

Ich denke mir oft, daß er, der Kämpfer, gerade deshalb den Künstler suchte, weil ihn dessen Verletzbarkeit und Sensibilität faszinierte. Gleichzeitig sah er seine Aufgabe im Wachrütteln, im Mutmachen des oft verzagten Künstlers. Den Namen Viktor trug er mit Stolz und wollte den Sieg gern weitergeben. Würde ich mich heute mit ihm unterhalten können, würde ich ihm vom innerlichen Sieg erzählen.

Das Portrait, welches ich imaginär von dem Schriftsteller Alois Vogel gemalt habe, griff er heraus, stellte sich dahinter und forderte mich auf, ein Foto zu machen. Auch gezeichnet wollte er werden. Als ich ihm die Fotos schickte, malte ich ringelreihtanzende Hähne auf meinen Brief.

Ich sah Viktor Matejka noch öfters, doch sein Wunsch, das Haus der 1984 verstorbenen Malerin Ernestine Rotter-Peters, in welchem ich jetzt arbeite und lebe, zu sehen, ging nicht mehr in Erfüllung.

Reinhold Knoll
Lieber Viktor

Eine nicht abgesendete Antwort auf den letzten Brief Viktor Matejkas von 15. 5. 1992

Er hatte geschrieben:

Lieber Reinhold Knoll,

sehr bedaure ich, daß ich Dich nicht mehr sehe oder nicht ins Gespräch mit Dir komme. Was noch zuletzt dazu kommt, daß ich stark lebensverlängert noch lebe (90 Jahre und 5 Monate). Oft denke ich an Dich; daran ist auch August Maria schuld; ich lernte ihn schon 1921 kennen, und dann gings halt dahin, in vielen Phasen. Jetzt scheint er mir sehr deutlich auf: in seinem Bemühen, L.Ungar zum Wiener Erzbischof in Rom „durchzusetzen". Da war er scharf dahinter, aber ohne Erfolg. Er tobte gegen den Papst; er hatte viel Vertrauen zu mir; ich war sein scharfer Kritiker, ob kompetent oder nicht, ist wurscht. Unser Kontakt überdauerte Vieles. Jetzt Frage an Dich: Tagebücher des A.M.K. – wann kommen sie ans Tageslicht?

Dann noch was: Wie lang ist es her, daß Heer, Knoll, Daim gemeinsam am Althergebrachten, Erstarrten rüttelten? Ist das Buch noch aktuell? M.E. ja! Genauso wie „Gespräch der Feinde"! Die zwei müßtest Du zusammenspannen! Mit kritischer Kontrolle – Beitrag von Dir – was sagst Du dazu? Von Daim höre ich so gar nix seit Jahren. Ich rief öfter an; seine Frau recht freundlich wie immer; er beantwortet keinen Brief, vergißt hier auf meine Briefe und Anrufe. – Ich bitte Dich um Deinen Rat. Hoffentlich kommen wir wieder zu einem Gespräch, noch zuletzt im Geist des A.M.K. --- Herzlichst grüßt Dich und Deine Familie, Viktor.

Wenn Du die Schrift des alten Krachers nicht lesen kannst – nimm bitte ein Vergrößerungsglas!! Danke.

Lieber Viktor,

zuerst ein Geständnis: Aus mehreren Gründen glaubte ich, mir die Unhöflichkeit leisten zu können, Dir nicht zu antworten. Es steht überhaupt schlecht um unsere Briefliteratur. Von mir nichts zu sehen und zu hören, ist normal. Du bist mir in den letzten Jahren buchstäblich unter der Hand in eine andere Gesellschaft weggelobt worden. Als Kind hattest Du, an der Tischlerhand Deines Großvaters, noch ein Bonbon vom Kaiser bekommen. Von Dir erhielt ich Deine Lebenserinnerungen. Als Kind lernte ich Dich zufällig kennen. Es war am Kriemhildplatz. Du studiertest die Pieta aus Bronze in der Kirche, die Architektur der Kirche von Clemens Holzmeister. Zuerst hatte ich Dich gefragt, ob Du etwas verloren hättest. Du lehrtest mich hierauf an diesem nassen Novembernachmittag die Bauprinzipien – bis zur Dämmerung. Als Du meinen Namen wissen wolltest, warst Du ehrlich überrascht. Nachher warst Du bei uns zum Kaffee und hattest die schlichte Aluminiumkanne bewundert, die den Krieg überlebt hatte. Dem Gespräch zwischen Dir und meinem Vater folgte ich mit Aufmerksamkeit. Später besuchte ich Dich öfters in der Theobaldgasse. Ich mußte Dich portraitieren, das war schon 1959. Ich zeichnete Dir auch einen Hahn für Deine Sammlung, die nun berühmt ist. Bald erschienst Du mir als ein laizistischer Franziskaner. Du trugst die alten Kleider der Freunde auf, das alte Schuhwerk. Dein Antlitz gewann damit einen unverwechselbaren Rahmen, bis in die Zeit hinein, in der Bruno Kreisky Mode und Kleiderkult für Männer proklamierte, die doch allesamt gesichtslos waren. Damit hattest Du nichts zu tun und nichts im Sinn. Das hatte mich beeindruckt...

Voll Bewunderung hörte ich Deine Erinnerungen an Deine kulturpolitischen Visionen, Deine harten Kritiken. Durch dich erlernte ich, wo Härte etwa gegenüber Wotruba oder gar Ernst Fischer anzubringen war. Sehr drastisch erzähltest Du, daß Wotruba Dir ein Bündel

Banknoten Anfang der fünfziger Jahre gezeigt hatte und meinte, das sei das Einzige, was wirklich zähle. An Fischer hattest Du bitter ausgesetzt, daß er erst 1968 seine politische Heimat verließ. Du warst durch und durch anständig und aufrichtig, was Du offenbar aus deiner kompromißlosen Einschätzung von Kunst erlerntest. Deshalb warst Du mit Ästhetik und Ästheten hart ins Gericht gegangen. Wenn der Vergleich zulässig ist, so schreibe ich Dir, daß Du etwas von van Gogh in Deine Kunstsammlung und Kulturpolitik gerettet hast – somit auch in Dein Leben.

Das hat man freilich nicht verstanden und Dir als deine Marotte ausgelegt. Jetzt, wo Du zum Säulenheiligen avanciertest, versteht man es so wenig, wie die Erben von Franz von Assisi ihre Pflicht auch nicht erfüllt hatten. Du fragst, was mit dem Nachlaß meines Vaters ist? Ich antworte, daß wohl niemand daran Interesse hat. Er liegt wohl für kommende Generationen bereit, und so soll es auch bleiben. Bei Friedrich Heer verhält es sich anders. Somit werden die Väter von Öffnung und Modernisierung in Österreich erfolgreich verdrängt – ein sonderbares Beispiel dafür, daß es inmitten einer Zeit der angeblichen Aufdeckung von Verdrängtem geschieht. Das fällt bei dieser industriellen Anfertigung von Geschichte, Zeitgeschichte und Denkmalschutz in unserer geistigen Gewerbelandschaft nicht auf. Du bist offensichtlich das letzte alte, heiße Eisen. Was mich jedoch wundert, ist der Umstand, daß mit Deiner Musealisierung in Wien eine Kulturgegenwart legitimiert erscheinen soll, die die Relation von Wollen und Können verletzt – alle sind sie hochbezahlte Staatskünstler und deren begnadete Impresarios. Du bist gewiß nicht eitel, sodaß Du Podium oder Podest unserer hochstaplerischen Szenen nicht benötigst. Fällt Dir aber nicht auf, daß um Dich herum die Herrschaft eines lustvollen Zynismus angebrochen ist? In Wien erinnert mich das Meiste ans Ende des Perikleischen Zeitalters: Hinter Marmor und Verglasung grinst die knochenkorrupte, lüsterne Vernichtungswut. Jetzt erscheint Dein Name schon auf Büttenpapier! Allerhöchste Dienststellen laden zu Deinen Ehrungen ein, sogar dieses Fernsehen!

Viktor, sei für den Rest Deines Lebens vorsichtig! Dein Erbe erscheint veruntreut von jenen, die wegen Deiner Biographie mit Dir noch vor wenigen Jahren kein Wort gewechselt haben. Jetzt willst Du mit mir reden? Du redest jetzt schon im Fernsehen, was soll es also zwischen uns noch zu reden geben? Einmal hattest Du einen Vortrag von mir über Österreich wegen Drastik und Komik der Geschichte mit Deinem Erlebnis von Vorträgen von Karl Kraus verglichen. Das ehrte mich. Aber merkst Du nicht, daß in diesem Land alles verstummt – angesichts der zahllosen, lauten Festreden, Symposien und teuren Tagungen? Mit „Traum und Wirklichkeit" hat das begonnen und wird so enden, wie es Alpträume verheißen. Es ist soweit gekommen, daß ich nur unter Pseudonym eine Chance habe zu schreiben, sollte ich noch schreiben wollen. So wahr Du auch „Franz" heißt, blicke auf Deine alten Schuhe, ob diese wohl geeignet erscheinen, diese Paläste, Säle und Studios zu betreten?

Einmal lehrtest Du mich Unkonventionalität. Daran halte ich eisern fest. Ich kümmere mich nicht und bin nicht bekümmert. Deine Jahre in Dachau lehrten Dich, dieses Land zu lieben; die letzten zwanzig Jahre des Wohlstands lehrten mich, diese neue Gesellschaft zu verachten. Deine tiefe Liebe zu den Menschen bewog Dich zur Bescheidenheit und zum hintergründigen Humor. Wer ist aber nach Dir zu lieben?

Erst als ich in Paris Deinen Bruder kennen gelernt hatte, verstand ich mehr von Dir. Was mir als problematisches Verhalten ausgelegt werden kann und an Dir geschätzt wird, dafür hattest Du Deinen Bruder, Dein von Dir verdrängtes alter ego in Paris. Er glich Dir bis aufs Haar, seine Stimme war wie Deine Stimme, sein Verhalten so unkonventionell wie Deines. Ihr konntet Euch nicht ausstehen. In den Augen des anderen hatte jeder von Euch das falsche Leben gelebt, so ähnlich wart ihr Euch. Jetzt, an Deinem Lebensabend, ergeht es mir wie Dir mit Deinem Bruder. Was soll ich Dir schreiben? Was soll ich mit Dir reden? Zwischen uns liegt diese Vernissagen-Gesellschaft, in Wahrheit ein Lumpenpack, als unüberwindliche Hürde!

Lebe wohl und sterbe tapfer, Dein R.K.

27. 6. 1992

Felix Kreissler
Internationale und Marseillaise

Man muß nicht immer ein Genie sein, um verkannt zu werden. Viktor Matejka war vielleicht kein Genie, auf jeden Fall aber ein genialer, vielfältig begabter, vor allem jedoch ein menschlicher Mensch, und verkannt war er auch, vor allem jahrzehntelang totgeschwiegen. Auferstehung hat er erst im hohen Alter gefeiert, als es nicht mehr möglich war, seine gewichtige in vielen Richtungen wirkende Persönlichkeit zu übersehen.

Die Feiern, die man zu seinem 90. Geburtstag veranstaltete, waren ihm im tiefsten Grunde zuwider. Er ließ sie über sich ergehen, hat aber zu Lebzeiten in seinen zwei Büchern „Widerstand ist alles" und „Anregung ist alles" darauf seine für ihn charakteristischen Antworten bereits vorweggenommen. An jene gerichtet, die ihn eben so viele Jahre lang einfach totgeschwiegen haben – wie dies so oft in Wien üblich ist –, ihn, der so quicklebendig in so viele volle Menschenleben eingriff, um ihnen Rat, Hilfe und unzählige Anregungen zu geben.

Wieso kann ich das alles sagen? Damit hat es eine eigene Bewandtnis: Ich habe Viktor schon „kennengelernt", als er mich, mit Recht, noch völlig ignorierte: Er war zu jener Zeit Direktor (eigentlich „Obmann") des Volksbildungshauses Ottakring, das, wie ich mich sehr genau erinnere, am Ludo-Hartmann-Platz lag (und noch immer liegt), ich aber war bloß ein aufmüpfiger Mittelschüler, der immerhin damals schon nach dem Matejkaschen Motto handelte: Widerstand ist alles.

Es war nach dem Februar 1934. Viktor hatte Verbindung zu Ernst Karl Winter, der mit seiner „Aktion" – vergeblich – versuchte, Brücken zu bauen zwischen dem autoritären Regime und der blutig niedergeschlagenen Arbeiterbewegung. Wir rebellischen Mittelschüler im Antifaschistischen Mittelschülerbund (AMB) hatten als überparteiliche illegale Organisation Querverbindungen zu sozialistischen und kommunistischen Kreisen. So erfuhren wir also – war es noch 1934 oder schon 1935? –, daß im Volksbildungsheim Ottakring eine Winter-Veranstaltung vorgesehen war, wo über das Verhältnis Arbeiterschaft und Staat gesprochen und diskutiert werden sollte. Die Losung ging durch: Alle hin, zu dieser Veranstaltung!

Und am angegebenen Tag war der große Saal des Volksbildungsheims Ottakring voll von hunderten jungen – und auch älteren – Menschen. Wer dort aller gesprochen und diskutiert hat, ist mir nicht mehr in Erinnerung, nur eins: Viktor Matejka hatte diese Veranstaltung ermöglicht. Dadurch hatte er es aber auch ermöglicht, daß diese – an sich schon ziemlich stürmische Veranstaltung – ein denkwürdiges Ende erfuhr: Wir alle stimmten nämlich begeistert eine mächtige „Internationale“ an. Nur wer in einem autoritären Regime gelebt hat, kann ermessen, was es bedeutet, mit diesem Lied aus der Illegalität ins Rampenlicht der Öffentlichkeit vorzustoßen. Es war ein echter Sieg nach vielen Monaten der Niederlagenstimmung, auch wenn wir beim Verlassen des Hauses befürchten mußten, von der Polizei in Empfang genommen zu werden – was ich persönlich an diesem Tag noch vermeiden konnte.

Ein solches Erlebnis habe ich noch ein zweites Mal in meinem Leben gehabt: Es war im April 1944. Im Hofe des Gestapo-Gefängnisses von Lyon, Montluc, standen wir, hunderte französische Widerstandskämpfer, zum Abmarsch versammelt, von dem wir nicht wußten, wohin es gehen sollte, für viele in den Tod, für alle in die Deportation, in ein Hitler-KZ. Und da, umgeben von SD und SS, erhob sich plötzlich eine mächtige Marseillaise! Wir alle hatten Angst vor einer brutalen Reaktion der uns umgebenden Schergen. Doch wir sangen die Marseillaise – und keiner der Wachmänner machte den Versuch, uns am Singen zu hindern. Ich aber erinnerte mich in diesem Moment an die Internationale, die zu singen uns Viktor Matejka ermöglicht hatte.

Meine zweite Begegnung mit Viktor war wiederum nur einseitig: sie fand 1945 statt, nach der Befreiung, als ich in Paris Kenntnis von der Aufforderung Matejkas an die exilierten österreichischen Kulturschaffenden erhielt, wieder nach Wien, nach Hause zurückzukehren. Ich war kein Kulturschaffender, doch ging mir dieser Aufruf so zu Herzen, daß ich mir vornahm, bei der Rückkehr dieser Exilanten mitzuhelfen. Aus der Résistance hatte ich gute Verbindungen zu nunmehr öffentlichen Institutionen der neuerstandenen Republik, um hunderten Exilanten durch Beschaffung der geeigneten Papiere zu helfen, ihre Rückkehr nach Österreich schnell zu bewerkstelligen. Alle waren nicht gerade Kulturschaffende: Es waren begeisterte Jugendliche oder auch bewährte Gewerkschafter, dennoch lauter „Kulturmenschen", die nach Österreich zurückwollten – trotz alledem! –, um mitzuhelfen ein neues, demokratisches Österreich zu gestalten. Oft, allzu oft, befrachtet mit Illusionen, die sie mit schweren Enttäuschungen bezahlen sollten, was die meisten dennoch nie bereut haben.

Mit Viktor wirklich befreundet wurde ich erst in den frühen sechziger Jahren, als ich es bei meinen Wien-Besuchen nie verfehlte, ihm einen Besuch abzustatten. Und jeder dieser Besuche wurde ein Fest. Die Fähigkeit Viktors, stundenlang zu sprechen, ist bekannt. Bekannt ist auch, daß in seine Privatvorlesungen – für einen Zuhörer bitte! – eine solche Menge von Kritik, Geschichte und vor allem Ideen und Anregungen einflossen, daß darin ein angehender Hochschullehrer – das war ich damals – so viel mitbekam, daß er damit seine Studenten semesterlang geistig nähren konnte. Wenn ich je meinen Studenten etwas mit auf dem Weg ins Leben geben konnte, kritisches Bewußtsein, geistige Offenheit und Aufnahmebereitschaft, analytisches Herangehen an Geschichte und Kultur, so verdanke ich das zum großen Teil jenen Lehrvorträgen, die mir Viktor bei jedem meiner Besuche zuteil werden ließ.

Ich bedankte mich damit, daß ich ihm jedes Mal Hähne aller Art mitbrachte, die ich teilweise selbst erwarb, teilweise von seinem Bruder „Willi" mitbekam, dem ich auf dem Gebiet der Lehrtechnik (von Pädagogik will ich nicht sprechen) ebensoviel verdanke wie Viktor auf dem Gebiet des Geistigen.

Den Brüdern Matejka werde ich mein ganzes restliches Leben dankbar bleiben. Mehr kann ich nicht sagen.

Herbert Lederer
Jeder konnte kommen

Über Viktor Matejka soll ich etwas schreiben? Schwieriges Unterfangen. Das Wesentlichste und Beste über sich hat er selbst geschrieben. Kritische „Würdigungen" liefern gewiß die wirklich Kompetenten, und die Nichtkompetenten werden sich sowieso in Massen zu Wort melden.

Was soll denn ausgerechnet ich noch äußern? Ich halte es da mit Matejka selbst: „Lieber Herbert Lederer", schrieb er mir einmal, „im Oktober hast du mich eingeladen, zu einer Lederer-Monographie beizutragen, jetzt ist es Jänner. Muß ich dabei sein? Wer oder was bin ich schon? Es gibt doch Berufene, die sich bei solchem Anlaß begeistert und sachkundig ausschleimen könnten." Ein Matejkasches understatement wie's (wirklich) im Büchel steht. Gerade diese Einstellung war es, die uns einander vertraut machte. Wir wußten uns auf derselben Wellenlänge – unprätentiös, gegen alle Pflanzreißerei, angewidert von den Großsprechern und Wichtigtuern, niemals dogmatisch, absolut aufrichtig.

Übrigens hat Viktor damals seinen Beitrag doch noch zeitgerecht abgeliefert, und so will ich's ihm jetzt gleichtun. Spektakuläres habe ich nicht zu berichten, höchstens ein paar Erinnerungssplitter, die mein Gedächtnis gerade so freigibt.

Als blutjunge angehende Schauspieler, bald nach dem Krieg, wußten wir natürlich, daß es im Wiener Magistrat einen Stadtrat für Kultur und Volksbildung gab, der sein Amt sehr unbürokratisch handhabte. „Zum Matejka kann jeder kommen, der Vorschläge zu machen hat oder Hilfe braucht." hieß es allgemein. Das war buchstäblich zu nehmen. Ich durfte es später erfahren. Spontan und unaufgefordert schenkte er mir eines Tages einen seiner Anzüge, direkt aus seinem Kleiderkasten heraus, weil er fand, mein dünnes G'wandl sei nicht das Rechte für den eisigen Winter in Wien.

Matejkas Amtsstil war unkonventionell und expeditiv. Was nach seiner Ansicht getan werden mußte, das tat er sofort. Einer typischen Matejka-Episode entsinne ich mich noch gut. In den ärmlichen Nachkriegsjahren belieferte die Sowjetische Mineralölverwaltung (SMV) verschiedene Dienststellen der Gemeinde Wien mit kostbarem Petroleum. Auf das Kulturamt entfielen zwei Fässer. Was damit anfangen? Matejka entschied: „Verteilen an die, die es am dringendsten brauchen – die Schauspieler!" Weil diese nämlich oft nachts ihre Rollen auswendig zu lernen hatten, was bei den häufigen Stromabschaltungen recht schwierig war. Da konnte das Licht einer Petroleumlampe sehr nützlich sein. Gleich wurde auf Zetteln an den schwarzen Brettern der Theater verlautbart, daß sich jeder Darsteller im Kulturamt einen Liter Petroleum für Beleuchtungszwecke abholen könne. Als die Akteure mit alten Thermosflaschen oder Milchkannen anrückten, stand der Herr Stadtrat persönlich mit aufgekrempelten Hemdsärmeln neben den Ölfässern im Vorraum seines Amtszimmers und maß mit einer Schöpfkelle jedem seine Portion zu. Ich nenne das effektive und zweckmäßige Hilfe. In späteren, besseren Jahren erinnerte ich Viktor an diese Begebenheit. Schmunzelnd kommentierte er: „Außergewöhnliche Umstände erfordern außergewöhnliche Maßnahmen."

Vom Bühnenbetrieb verstand Matejka, wie er immer betonte, „überhaupt nix". Aber er hatte eine präzise Vorstellung von Funktion und Aufgabe des Theaters in unserer Gesellschaft; und er kannte die Möglichkeiten von dessen Wirkung. Bis 1948 gab es im Kulturamt gar kein eigenes Theaterreferat. Hans Horak, der Direktor der Kammerspiele, wirkte als ehrenamtlicher Berater. Mit zunehmender Bedeutung des Ressorts sollte nun aber eine neue Planstelle geschaffen werden. Ganz bezeichnend war wieder die Besetzung dieses Postens mit Dr. Friedrich Langer, dem bisherigen Leiter des „Studios der Hochschulen". Matejka verfolgte die erfreuliche Entwicklung dieser jungen Bühne mit aufmerksamem Interesse. Schon 1947 hatte er in einem Schreiben bemerkt: „Das Studio der Hochschulen ist ein aktivistischer Fortschritt im Kulturleben Wiens. Es ist ein Kind der Freiheit und baut mit an der Demokratisierung unseres Theaters. (...) Nur zu selbstverständlich, daß nicht gleich alle Fachleute und Kompetenzen dafür waren und auch heute noch mit ihrer Sympathie dafür sparsam sind." Daß Matejkas Wahl auf Langer fiel, paßt ganz zu ihm und seiner Art: „Ich hab' gesehen: Da sind junge Leute, die bringen praktisch mit nichts etwas zuwege... so müßte das in allen Theatern funktionieren. Wer organisiert das? Der Langer – her mit ihm! Daß der bei einer anderen Partei ist, war mir wurscht!"

Leider war Viktor Matejka sein Amt 1949 auch schon wieder los. Heute wissen es viele und dürfen es auch schon offen aussprechen: für Wiens Kulturleben war das ein riesiger Verlust. Er war auch der einzige gewesen, der bereits sehr früh die unzähligen emigrierten Künstler und Wissenschaftler einlud und ermunterte, nach Wien zurückzukehren. In späteren Zeiten hat er mit mir wieder und wieder darüber diskutiert. Was für verpaßte Chancen von Seiten der Republik Österreich! Nach seinem Auszug aus dem Kulturamt wurde Matejka Herausgeber der Zeitschrift „Tagebuch". Da er in Mariahilf wohnte, kam er gelegentlich ins alte Café Dobner, an der Zweierlinie gegenüber der Sezession. Unten im Souterrain existierte das kleine Theater „Kaleidoskop", dort spielten wir Stücke von Büchner, Cocteau, Kleist und Ionesco. Oben saß Viktor und trank seinen Nachtmokka. Wenn wir nach der Vorstellung hinaufkamen, setzten wir uns an sein Tischchen. Immer gab es Interessantes zu berichten, gegenseitigen Meinungsaustausch, Fragen und Antworten hin und her bis zur Sperrstunde. Viktor wußte genau, wo uns junge Künstler der Schuh drückte.

Manchmal lasen wir dann unsere Probleme, von ihm pointiert formuliert, im „Tagebuch".

Im Frühjahr 1962 versuchte ich dort beim Dobner ganz allein Nestroy zu spielen. Das Theater war inzwischen von Veit Relin übernommen worden und hieß jetzt „Ateliertheater". Das Café war zusammengestutzt auf ein Espresso von Zimmergröße. Als die Sommerhitze hereinbrach, verliefen sich so nach und nach der Beleuchter und die Billetteuse und der Garderober. Schließlich drückte mir Veit Relin die Theaterschlüssel in die Hand: „Ich verreise auch. Spiel halt, so lange du magst und so lange die Leut' kommen." Sie kamen den ganzen Sommer. Und Viktor Matejka blieb den ganzen Sommer in Wien.

Irgendwann im August erwartete er mich nach einer Aufführung im Kaffeehaus. „Du hast zu wenig Reklame!" sagte er mir, während er seinen Kaffee schlürfte. – „Ja, ich weiß, aber darum kann ich mich nicht auch noch kümmern." – „Hast du noch Plakate?" – „Ja." – „Dann hol s'." Um Mitternacht zog der Herr Stadtrat a.D. von einer freien Wand zur nächsten und beklebte sie mit meinen Plakaten. Ich trug ihm den Kleisterkübel und den Pinsel. Zum Glattstreichen des Papiers benützte er sein Taschentuch.

Einmal, etwa Mitte der siebziger Jahre, besuchten wir gemeinsam eine allseits gepriesene Aufführung in einem gutdotierten Theater. Viktor ärgerte sich maßlos über die aufwendige Glaskonstruktion des Bühnenbildes, die offensichtlich keine andere Funktion hatte, als das verwöhnte Publikum zu entzücken. „Die vielen Tausender, die der Firlefanz kostet, müßten sie ihnen sofort von der Subvention abziehen." urteilte er. Über eine andere Bühne, die vielversprechend avantgardistisch begonnen hatte und im Lauf der Zeit immer zahmer und schicker geworden war, sagte er lakonisch: „Zu Tode subventioniert!" Protzerei und Renommiersucht waren ihm zuwider, im Leben und erst recht in der Kunst.

Als ich Viktor mitteilte, daß ich endlich ein passendes Lokal gefunden hätte und demnächst mein Theater am Schwedenplatz werde eröffnen können, kam prompt sein Antwortbrief. Keine große Gratulation, aber freudige Zustimmung, und: „Ich weiß, Du wirst schon was Vernünftiges damit anfangen." Was Vernünftiges, fertig! Für Viktor Matejka gab es in der Kunst nämlich auch viel Unvernünftiges, sprich Überflüssiges, was niemandem nützt. Eine Kunst, die nichts bewirken will – das ergab bei ihm keinen Sinn.

Für mich waren seine Worte so etwas wie eine verpflichtende väterliche Mahnung. Ich beherzige sie bis heute.

Christian Limbeck-Lilienau
I kenn' mi aus

Heute weiß ich nicht mehr, was ich damals anläßlich einer Club 2-Diskussion mit V.M. mehr bewundert hatte: die Treffsicherheit seiner rhetorischen Beiträge oder diejenige, die er bei der Zuteilung von Hustenzuckerln durch Zuwerfen an den Tag gelegt hatte. Diese absolute Ernsthaftigkeit und Sachkompetenz, gepaart mit kauzigem Humor, erweckte Interesse.

Bis zu jenem Tage kannte ich als politisch Interessierter den Träger dieses Namens nur aus den Medien. Ich wußte von seiner Tätigkeit als Wiener Kulturstadtrat in den ersten Nachkriegsjahren, seinen Verdiensten, aber auch von seinem Charakter, der strikte Ein- und Unterordnung einfach nicht zuließ. Immer wieder tauchte V.M. in meinem, bereits vom Großvater angelegten Archiv auf, sei es als Zeuge im Prozeß gegen den Außenminister Schuschniggs, Dr. Guido Schmidt, oder als Teilnehmer beim Begräbnis von Edmund Eysler.

Und noch etwas fiel mir in die Hände. Ein Programmzettel aus der Wiener Urania vom Jänner 1938, der von einem „Wiener Abend" kündete, wobei der damalige Bildungsreferent der Wiener Arbeiterkammer, Dr. V.M., die einleitenden Worte sprach und mein Großvater Max Lilienau am Klavier Johann Strauß-Walzer vortrug. Nun nahm ich mir ein Herz, steckte eine Kopie dieses Programms zusammen mit einem Begleitschreiben ins Briefkuvert und schickte es einfach an die Adresse in der Theobaldgasse.

So begann also an jenem 30. 8. 1983 unsere Bekanntschaft, die sich nach anfänglich schriftlichen Kontakten rasch intensivierte und noch im Herbst 1983 zu einem ersten persönlichen Zusammentreffen führte. Damals verbrachte das Ehepaar Matejka seine Wochenenden regelmäßig in Grinzing und so absolvierte ich meinen Antrittsbesuch im „Grünen“. Wir redeten über Gott und die Welt, wobei die Grundstückspekulanten von Grinzing ebenso wie das Wiener Kulturleben Gegenstand unserer mehr oder weniger ernsthaften Erörterungen waren.

Ein paar Wochen später kam es dann zum ersten und leider auch letzten Besuch bei uns in Oberösterreich. Dr. M. wußte von mir schon einiges über die Zipfer Kriegsjahre, über das Nebenlager von Mauthausen, das sich hier befand, und über meine Schwierigkeiten, die ich mit dieser Thematik im täglichen Leben hatte. Ich war damals für jede, auch noch so unbedeutend erscheinende Hilfe dankbar. Zusammen mit ganz vereinzelter Unterstützung an Ort und Stelle gelang es uns schließlich, die „Zipfer“ Sache zu einem, wenn auch nicht sonderlich glücklichen Ende zu bringen. Hilfe benötigte ich ständig wie zum Beispiel vom Arbeiterbetriebsrat der Brauerei Zipf, der sich gerade in den Wintermonaten 1983–1984 in der KZ-Problematik voll auf meine Seite stellte. Das bekam ihm nicht sonderlich gut, und es wurde für ihn immer schwieriger, eine aussichtslos scheinende Lebenssituation, auch psychisch, zu meistern.

In höchster Not bat ich V.M. um Unterstützung und Herstellung eines Kontaktes zu Prof. Dr. Erwin Ringel, der sich sofort zur Verfügung stellte und durch sein Engagement mit beitrug, einen zum Spielball diverser Interessen Gewordenen vor schlimmeren Konsequenzen zu bewahren.

Unsere „Seelenfreundschaft“ sah aber auch ruhige, schöne, wahrhaft fröhliche Anlässe. Ein solcher war unser gemeinsamer Besuch bei Prof. Rudolf Gamsjäger, dem einstigen treuen Mitstreiter aus tristen Wiener Kulturnachkriegsjahren. Einsam, fast alle Kontakte zu Wien abgebrochen, lebte nun der langjährige Generalsekretär der Gesellschaft für Musikfreunde und Staatsoperndirektor mit seiner Gattin in der Nähe von Eisenstadt. Von Mißtrauen geprägt waren auch erste „Abtastversuche“. Ja, das Gespräch glich eher einer mündlichen Prüfung, der ich mich zu unterziehen hatte. Nachträglich verständlich bei all den Erfahrungen, die Prof. Gamsjäger im Laufe seiner Tätigkeit machen mußte. Und wieder war es V.M., der durch seine spontanen „Wortmeldungen" die Situation entspannte und beitrug, daß der Nachmittag noch in einen langen Abend mündete. Wie von der Natur der Sache her nicht anders zu erwarten war, drehten sich unsere Gespräche hauptsächlich um musikalische Themen. Aus aktuellem Anlaß (Gegen den Dirigenten Carlos Kleiber waren gerade die diversen, für den Wiener Kulturbetrieb leider typischen, Mechanismen voll angelaufen, um eine österreichische Karriere dieses Mannes zu verhindern.) kamen vor allem die Intrigen zur Sprache, die dazu führten, daß aus der dem Vater Erich Kleiber versprochenen Position des Staatsoperndirektors 1955 nichts wurde. Gamsjäger und Matejka hatten all die Jahre nach Ende des Zweiten Weltkrieges offen oder versteckt versucht, den geborenen Wiener Erich Kleiber wiederum für seine Vaterstadt zu gewinnen. Alle diesbezüglichen Unternehmungen waren, wie wir wissen, erfolglos, der plötzliche Tod des Dirigenten im Jänner 1956 enthob die kulturellen Entscheidungsträger etwaiger zukünftiger Eiertänze bzw. Verhinderungsaktionen.

An jenem Tag war es für mich von größtem Interesse, einiges über die Winkelzüge und diversen Querverbindungen quasi aus dem Insiderbereich zu erfahren, ja wir wollten unsere Kontakte eigentlich verstärken. Leider machte dies der plötzliche Tod Gamsjägers zunichte. V.M., der seine Wohnung nur mehr ungern verließ, machte für das Begräbnis in Oslip eine Ausnahme, und so fuhren wir gemeinsam an jenem 3. Februar 1985 ins damals winterliche Burgenland. Es war für mich das kälteste Begräbnis meines Lebens. Neben mir der unbeugsame V.M., in diesem Moment vielleicht sich an das endlos lange Stehenmüssen auf dem Appellplatz in Dachau erinnernd. Von einem etwas geschützteren Standort konnten wir an Hand der erschienenen, bzw. nicht erschienenen

Trauergäste feststellen, daß der Spruch „Undank ist aller Welten Lohn“ aktueller denn je war.

Als weiteres Beispiel, wie sehr V.M. als Auskunftsperson, bzw. Vermittler fungierte, soll folgende Episode dienen: Fritz Grünbaum, dem leider fast vergessenen Kabarettisten der Zwischenkriegszeit und Dachauer KZ-Mithäftling, sollte ein Denkmal in Form von zwei Büchern gesetzt werden. Auch dabei hatte V.M. seine Hände mit im Spiel.

In Kenntnis meines auch auf dem Gebiet der leichten Muse brauchbaren Archivs war der Kontakt mit dem Verfasser der Grünbaum-Bände schnell hergestellt, und gemeinsam freuten wir uns dann anläßlich der Präsentation im schrecklich verrauchten Kabarett Niedermaier ob des gelungenen Werkes.

Das war unser letzter gemeinsamer „Familienausflug“. In Folge schwerer Erkrankung und Nachlässigkeit auf meiner Seite verloren wir uns nun etwas aus den Augen. Trotzdem blieb M., wenn auch vom Krankenbett aus, aktiv. So konnte er leider die Uraufführung des Stückes „Zipf“ der Brüder Palm, das die Geschichte meines Heimatortes während der NS-Zeit zum Gegenstand hat, und dessen Entstehen er von allem Anfang an aufmerksam mitverfolgt hat, nicht mehr persönlich miterleben. Nur wenige Tage vor der Premiere im Künstlerhaus war nach einem schweren Sturz ein Krankenhausaufenthalt unumgänglich. M. bestand aber darauf, durch seine Gattin Lina aus erster Hand einen Bericht zu erhalten. So konnte sie ihm auch von dem großen persönlichen Erfolg einer jungen Schauspielerin, die als „Einspringerin“ den mehrstündigen schwer verständlichen Monolog bravourös meisterte, berichten. Mercedes Echerer hieß das begabte aus Oberösterreich stammende Volkstheatermitglied. Ihr Aufstieg zur heute vielbeschäftigten ORF-Kunststücke-Präsentatorin und Theater in der Josefstadt Ensemblestütze war nur die logische Konsequenz dessen, was damals schon deutlich erkennbar war.

Den größten Beweis unserer Verbundenheit erhielt ich wenige Monate vor dem Tod V.M.s. Durch Vermittlung eines Mitarbeiters des Dokumentationsarchivs des Österreichischen Widerstandes, Herbert Exenberger, der u. a. das Zeitungsausschnittarchiv Matejkas einer sinnvollen Verwertung zuführen sollte, und durch das Desinteresse der Gesellschaft der Musikfreunde gelangte ich im Herbst 1992 in den Besitz dieses enorm umfangreichen, die Musik betreffenden Teiles der Sammlung.

Als das Ehepaar Matejka 1983 bei mir in Zipf zu Besuch war, wollten wir uns einmal durch mein Konvolut von Zeitungsausschnitten „durchkämpfen". Beim Anblick meiner im Keller gelagerten „Berge" sagte M. nur trocken: „I kenn' mi aus!"

Ja, er kannte sich wirklich aus und wußte ganz genau, womit er mir die letzte, größte Freude machen würde. Aber ein Hintergedanke war schon dabei: Bei meinen zukünftigen Versuchen, die mir überlassenen „Schätze" in mein Archiv zu integrieren, wird mich der Anblick der unzähligen Kuverts, die mit Kritiken, Feuilletons und Nachrufen vollgestopft sind, immer wieder an denjenigen erinnern, dem ich leider viel zu spät begegnet bin.

Ursula Pasterk

„Liebe Ursula Pasterk, liebe Stadträtin"

„Revolutionär wird der sein, der sich selbst revolutionieren kann", schrieb Ludwig Wittgenstein einmal. Ein Satz, der hervorragend zu Viktor Matejka paßt, denn er hat es zeit seines Lebens verstanden, sich selbst zu revolutionieren. Dazu gehörte der Mut, die Dinge immer wieder neu zu überdenken und – wenn nötig – auch wieder anders zu sehen und gelegentlich zu verwerfen. Viktor Matejka zog sich nie in die Bequemlichkeit der einfachen, scheinbar unumstößlichen Wahrheiten zurück. Dafür stehen schon zwei seiner Buchtitel: „Widerstand ist alles" und „Anregung ist alles".

Viktor Matejka war, vor allem in seinen Jahren als Kulturstadtrat der Stadt Wien, stets neuen Ideen aufgeschlossen, hatte aber, wenn es ihm notwendig erschien, die unbedingte Konsequenz, auf Bewährtem zu beharren. Was mir an ihm bei all seiner Aufgeschlossenheit und Toleranz besonders imponierte, war, daß er sich selbst und seinen Ideen immer treu blieb.

Für ihn war Widerstand mehr als eine Haltung, nämlich eine Existenzform, die er selbst gewählt hatte: Widerstand gegen Falschheit, Intoleranz, gegen Menschenverachtung in jeglicher Form. Er stellte sich schon gegen den aufkommenden Nationalsozialismus, als viele seiner Zeitgenossen noch blind gegen diese Bedrohung waren.

In seinem Buch „Widerstand ist alles" erklärte Matejka diesen Titel und weitete ihn gleichzeitig zu einem Lebensprogramm: „Mit dieser Maxime hängt der von mir gewählte Hauptberuf zusammen: Österreich zu bewahren, Österreich zu retten, alles zu versuchen, das Nützliche und das Notwendige zu tun, zu veranlassen." Diese unbeugsame Haltung büßte er nach den Ereignissen des März 1938 mit einer jahrelangen Haft in den Konzentrationslagern Dachau und Flossenbürg.

Im zerbombten Wien des Jahres 1945 bewies Matejka, der inzwischen der Kommunistischen Partei beigetreten war, als politischer Leiter der Geschäftsgruppe Kultur und Volksbildung, daß nicht nur Institutionen, sondern sehr wohl auch Einzelpersonen Geschichte machen können: Buchstäblich mit dem Hut in der Hand gründete er den von ihm so benannten „Wiener Kulturfonds“ und schuf damit eine Anlaufstelle, die den Künstlern nicht nur Hoffnung gab, sondern auch materielle Unterstützung vermittelte. Mit seiner unnachahmlichen Art systematischer Improvisation gelang es ihm, das Wiener Kulturleben praktisch vom Punkt Null weg zu entwickeln.

Viktor Matejka war immer ein Aufrührer und Umrührer, der viel bewegte und auch vieles selbst initiierte: Bis zu seinem Tod war er als Ideengeber, kritischer Publizist und freundlicher Förderer aktiv. Immer nach dem Motto, das er in seinem Buch „Anregung ist alles“ formulierte: „Keine Scheuklappen, sich vor nichts verschließen, alles prüfen, nichts absichtlich ignorieren, in keinem Ghetto sich einfrieren, rechtzeitig Gefahren erkennen usw.“

Aus Briefen Viktor Matejkas
an Ursula Pasterk

17. 2. 1989

... Unter Dr. Zilk hat da etwas begonnen, was früher versäumt wurde. Als Beispiel nenne ich die Ehrenbürgerschaften für Krenek und Einem. Das war eine sehr gute Tat, wenn man sich frühere Versäumnisse auf diesem Gebiet vor Augen hält...

Sehr angenehm aufgefallen ist mir, daß Du als Kulturstadträtin gestern abend im Fernsehen als erste den Verlust Bernhards für Österreich sehr bedauert hast. Zu Bernhard bekenne ich mich in mehr als einer Hinsicht, seit ich seinen ersten Gedichtband gelesen und ihm gleich geschrieben hatte. Unsere damaligen Gespräche, an die ich mich gut erinnere, wurden später leider nicht fortgesetzt. Für mich war er und bleibt er ein Dauerbrenner in der österreichischen Wüstenlandschaft...

23. 7. 1989

... leider konnte ich mir erst gegen Schluß die Ausstellung „Österreichische Malerei 1910 bis 1950 / mit Werken von Emigranten und Verfemten" in der Galerie Suppan im Palais Coburg anschauen. Auch sonst behindert meine Invalidität den Ausstellungsbesuch, der mir sehr fehlt. Bei Suppan konnte ich als eine Art Höhepunkt „Die Agave" von Kokoschka bewundern...

Das Bild hat meines Erachtens nicht nur größte künstlerische Bedeutung, sondern auch, wie ich es zu nennen pflege, seit jeher, höchste politische, also österreichische Bedeutung. Sein Wert kann nicht hoch genug eingeschätzt werden. Kokoschka hat das Bild in Wien angefangen. Er hat dann Wien schnell verlassen, er ist emigriert nach Prag, weil er die hiesigen Zustände nach dem 12. Februar 1934 für unerträglich hielt.

Da bin ich Hauptzeuge und muß diversen Legenden entschieden widersprechen. So erst kürzlich plauderte Olda Kokoschka in einem Ö1-Interview, „akademische Gründe" hätten Kokoschka zum Verlassen Wiens in Richtung Prag veranlaßt. Das ist eine arge Verschleierung eines Tatbestandes, dessen Realität blutig ist. In Prag hat er „Die Agave" mit zwei vollblütigen Menschen, deren einer er selber ist, fertiggemalt. Das Bild ist also auch große Zeitgeschichte...

14. 10. 1989

... ich bedanke mich für die Einladung zur Moskau/ Wien/New York und für andere Einladungen in der nächsten Zeit. Leider habe ich Pech und muß wieder ins Spital, aber Anfang November bin ich wahrscheinlich wieder draußen. Außerdem sehe ich, daß es darüber Kataloge gibt, und da bin ich Dir schon jetzt dankbar, wenn Du mir was schickst.

Sonst habe ich das meiste gesehen und gehört, was ich durch den Rundfunk zur Kenntnis nehmen konnte. Deine Aktivitäten und Deine Einstiege in bisher verzögerte Lösungen erlebe ich gerne mit. Und als alter Zeitungsausschneider sammle ich nach wie vor, aber zum direkten Anschauen und Hingehen reichts leider nicht...

23. 2. 1991
Liebe Ursula Pasterk, liebe Stadträtin,
...Es ist Dir vielleicht unbekannt, daß ich einmal einen merkwürdigen Bezug zu Schlick und zum Wiener Kreis hatte. Ich war nämlich derjenige, der als verantwortlicher Leiter der Volkshochschule Ottakring 1936 verhindert hat, daß der Mörder Nelböck dort Kurse hält. Nelböck hatte einen ultraschwarzkatholischen Protektor, der im Auftrag von Bürgermeister Schmitz mehrmals Kurse für Nelböck verlangte. Es bestanden zwingende Gründe, ein solches Diktat abzulehnen...
Damit habe ich, so kurz es geht, angedeutet, warum ich das oben genannte Symposion begrüße und befürworte...

30. 3. 1991
Erfreulich, daß Du das Symposion zum 100. Geburtstag von Carnap, Reichenbach und Zilsel protegierst. Du spielst auf meine persönliche Teilnahme an. Das waren interessante aber auch stürmische Zeiten, als ich in Ottakring den Zilsel kennen lernte. So erfolgreiche Semesterkurse wie er, hatte kaum wer. Der große Saal, Amphitheater, war voll besetzt, ebenso die Stufen und hinten Stehplätze. Da gabs nur eine Konkurrenz bei den Englischkursen einer Frau, deren Namen ich nicht mehr weiß, aber diese Kurse schmolzen im Lauf des Semesters oft auf die Hälfte oder sogar noch darunter. Bei Zilsel war eine Stammannschaft bis zum Ende des Semesters. Er war nicht nur der „linke" Philosoph, der „materialistische" par excellence im damaligen Österreich. Er war

auch ein ganz außergewöhnlicher Pädagoge, ein Lehrer, dem seine Schüler wie gefesselt zuhörten, die ihn auch verehrten, ihm huldigten. Ein einmaliger Fall in der Geschichte der Wiener Volkshochschulen...

28. 4. 1991

Ich danke für Deinen Brief vom 12. d. M. und notiere dazu einiges erst Ende des Monats, weil zum Glück nach der Rückkehr aus dem Spital meine Beschäftigungen nicht abgerissen sind.

Vorgestern war ein deutscher Filmemacher mit seinen Assistenten sechs Stunden lang pausenlos bei mir. Wie im Zeitraffer habe ich meine Jahre perlustriert. Der Regisseur hat im vorigen Jahr einen zweistündigen Film gebaut: Kabarett im KZ. Wegen der zwei K hat er den Film so benannt, das Kabarett im KZ schließt alles ein, was es an Theater, Musik, Gesang und dgl. in großdeutschen KZs gab und was Volker Kühn dazu in fast kriminalistischer Art aufgriff. Da spielt natürlich auch meine Wurschtelei mit Theater, Musik und dgl. im KZ eine Rolle...

Ich danke im Besonderen für das Festwochenbuch. Kritische Bemerkungen dazu folgen demnächst. Sollte ich noch im Herbst vorhanden sein, so könnte ich vielleicht trotz allen Hindernissen an jenem Symposion teilnehmen, an dem ein Teil des Wiener Kreises zur Revitalisierung aus der österreichischen Tiefebene ins Mittelgebirge aufsteigt...

5. 10. 1991

...Ich kann Deine schwärmerischen Worte für die Schönberg-Ausstellung, zu der parallel auch eine über Kandinsky läuft, gut verstehen. Wenn möglich, veranlasse bitte, daß mir die zwei Kataloge zugeschickt werden. Wien hat freilich viel versäumt, und seine damaligen Spitzenrepräsentanten mußte ich anschwindeln, so daß wenigstens a bissl was erreicht werden konnte...

In Anbetracht der jetzigen Topographie als „Abgesang“

zu den Festwochen, bin ich zwar neugierig, was der Amerikaner auf den Flakturm draufpinselt. Aber ich will es nicht unterlassen, daran zu erinnern (was längst vergessen, ja verdrängt ist), daß ich in den Jahren ab 1945, wie ich auch heute noch meine, sehr praktikable, volksbildnerisch wertvolle Vorschläge gemacht habe, die Flaktürme in den Dienst der Aufklärung zu stellen...

Wilhelm Pellert
Die Philharmonika am Häusl

1968 wurde beim Bücher-Herzog in der Mariahilferpassage die Ausstellung eines jungen Malers eröffnet. Ein älterer Herr hielt eine launige Rede, dann folgte eine Diskussion mit dem Publikum. Die Frage, die ein Passant stellte, weiß ich nicht mehr, die Antwort des Redners habe ich noch heute im Ohr. „Schaun Sie, das wär' ja so, als würden die Philharmonika bei mir am Häusl spielen!" Ich fragte einen der Umstehenden, wer der ältere Herr sei. „Das ist der Viktor Matejka!"

Einige Jahre später schrieb ich mit Michael Jäger ein politisches Kabarettprogramm, das ich im Theater der Courage (damals noch am Schwedenplatz) herausbrachte. Vielleicht hatte ihn der Titel „Verhinderungen von Veränderungen" angelockt, jedenfalls erschien Viktor Matejka zur Premiere des „Nachtkabaretts", Beginn war 22 Uhr. Stella Kadmon, die Leiterin der Courage, empfing den „seltenen Gast" erfreut, aber auch leicht vorwurfsvoll. Viktor Matejka erklärte: „Weil auch alle Theater am Nachmittag spielen müssen! Heut' um zehn, das ist eine normale Beginnzeit für mich!" Er war damals fast 75.

Die Recherchearbeiten für meine Dissertation über das Neue Theater in der Scala gestalteten sich sehr schwierig. In der Zeit des Kalten Krieges hatte keine einzige öffentliche Sammlung ein vollständiges Material über diese Bühne zusammengetragen. Scala-Schauspieler berichteten mir, übersandte Unterlagen seien an das Theater retourniert worden, man wollte von dem „Russentheater" nichts annehmen. Ich war also auf Privatsammler angewiesen und kam dadurch persönlich mit Viktor Matejka in Kontakt. Seine Wohnung war ein Archiv, jeden Winkel hatte er mit Dokumenten, Zeitungsausschnitten, Briefen und Fotos vollgestopft. Und das alles war ganz genau, aber recht eigenwillig, geordnet. Die Stalin-Nachrufe z. B. nach der

„Blumigkeit der Sprache“, Ernst Fischer nahm in dieser Rangliste einen Spitzenplatz ein. Viktor Matejka kannte sehr viele „Gschichten“, die er meist etwas ausschweifend, aber immer köstlich pointiert zum besten gab. Immer wieder erwischte er den Erzählfaden und reihte Anekdote an Anekdote. Warum er einmal einen ehemaligen Nazi in die Regierung geholt habe, habe er einen Bundeskanzler gefragt. „Der macht, was ich will, der ist jederzeit belastbar“, habe er zur Antwort erhalten.

Wie es seiner lockeren Art entsprach, bot er mir ziemlich bald das Du-Wort an. Dennoch vermied ich es – so gut es ging –, ihn zu duzen, weil ich es nicht fertigbrachte, zu diesem von mir verehrten Menschen einfach „Servus, Viktor!“ zu sagen. Ich bin sicher, er durchschaute meine manchmal etwas umschreibende Du-Form, akzeptierte sie aber.

Während eines Gesprächs, dessen Bogen vom Kaiser Franz Josef bis Kreisky reichte, machte er mich auf Scala-Unterlagen im Rathaus aufmerksam. „Gibt nix bei uns!“ erfuhr ich dort. Viktor Matejka ließ nicht locker, telephonierte mit dem zuständigen Rathausbeamten und beschrieb ihm genau die alte Schuhschachtel mit dem dreimal herumgebundenen Spagatt und dem Spezialknoten, in der seinerzeit die Scala-Akten abgelegt worden waren. Noch am selben Tag konnte ich die verstaubte Schachtel im Lesesaal in Empfang nehmen. Ich löste ehrfurchtsvoll den Matejkaschen Spezialknoten und war die nächsten Wochen mit der Aufarbeitung des Inhalts beschäftigt.

Lieber Viktor, mir fehlen die Gespräche mit Dir, mir gehen Deine Briefe ab, und Zeitungen ohne Deine Leserbriefe sind nur halb so viel wert. Du fehlst uns!

Alois Peter
Anders als die anderen

Zum ersten Mal hörte ich von einem Dr. Viktor Matejka zu Beginn des Jahres 1935. Ich war damals im Wiener Bezirk Ottakring als Funktionär des Kommunistischen Jugendverbandes tätig. Eine der wichtigsten Jugendzellen des KJV befand sich im Volksheim am Ludo Hartmannplatz. Dort bemühte sich ein Mitarbeiter des Volksheimes, Franz Ibaschitz, gestützt auf eine große Anzahl von Jugendlichen, einen Sprechchor aufzubauen. Das gelang ihm auch, es kam zu vielen Proben und zu einigen das Publikum ansprechenden Aufführungen. Der Inhalt der Veranstaltungen war von einem demokratischen und fortschrittlichen Geist getragen, nicht zuletzt deshalb, weil die meisten Mitwirkenden vom KJV erfaßte Mädchen und Burschen waren.

Auf den Sprechchor wurde auch der Leiter des Polizeikommissariats Ottakring aufmerksam, er begann sich für die Teilnehmer und den Inhalt der Aufführungen zu interessieren. Er verlangte die Einstellung der Tätigkeit des Sprechchores und behauptete, es handle sich um getarnte Veranstaltungen der Linken, vor allem von Kommunisten. Viktor Matejka nahm als Funktionär des Volksheimes gegen diese Anschuldigungen Stellung und versuchte, die Arbeit des Franz Ibaschitz zu verteidigen, eine kurze Zeit hindurch gelang ihm dies auch.

Für die Besucher des Volksheimes war dieses positive Eintreten eines Repräsentanten des Ständestaates überraschend. Es paßte nicht in das Bild, das sich die Wiener von einem Vertreter des Schuschnigg-Systems gemacht hatten. Ich jedenfalls hatte den Eindruck, daß dieser Dr. Matejka anders als die anderen Ständestaatler war und Verständnis für die Forderungen und berechtigten Sorgen der Linken hatte.

Als ich im Mai 1941 ins KZ Dachau eingeliefert wurde, traf ich dort Viktor Matejka wieder, den ich nun näher kennenlernte. Meine Auffassung, daß er anders als andere Intellektuelle, anders als andere Politiker sei, hat er in Dachau mit seinen Worten, aber vor allem mit seinen Taten vollauf bestätigt.

Keiner der Häftlinge des KZ Dachau konnte, wenn er morgens geweckt wurde, mit Sicherheit behaupten, daß er abends noch leben würde. Das galt nicht nur für jene, die einem schlechten Arbeitskommando, sogenannten Vernichtungskommandos zugeteilt waren, sondern auch für alle jene, die in guten, in „Prominentenkommandos" arbeiten mußten. Das Arbeitskommando „Lagerbücherei" war ein gutes Kommando, es umfaßte ca. 20 Häftlinge. Hier waren Dr. Matejka und ich eingesetzt, und auch einige akademische Maler, Kalligraphen und Buchbinder beschäftigt. Kapo des Kommandos „Lagerbücherei" war der akademische Maler Roman Gebler, der wegen seiner Tätigkeit als Separatist zur Zeit der Rheinlandbesetzung durch die Franzosen in Dachau interniert wurde. Die wichtigste Persönlichkeit dieser Arbeitsgruppe war jedoch Kurt Schumacher, der als führender Sozialdemokrat von den Häschern Hitlers eingesperrt worden war. (Im Jahre 1946 wurde Schumacher zum Vorsitzenden der SPD gewählt).

Zwischen Kurt Schumacher und Viktor Matejka kam es zu zahlreichen Diskussionen. Matejka war ein echter Österreicher. Er war während der ganzen Zeit zutiefst überzeugt, daß Österreich als souveräner Staat wieder auferstehen werde und eine selbständige Rolle und Aufgabe in Europa zu erfüllen hat. Schumacher hingegen war der Auffassung, die Besetzung Österreichs durch Hitler sei im Interesse der deutschen Einheit notwendig gewesen und könne nicht mehr rückgängig gemacht werden.

Als Hitlerdeutschland gemeinsam mit Ungarn, Rumänien, der Slowakei, Finnland und Italien im Juni 1941 die Sowjetunion überfiel und in den ersten Monaten des Rußland-Feldzuges große Terraingewinne erzielt wurden, verkündeten die Radiolautsprecher täglich pompöse Siegesmeldungen. Bei den Häftlingen kam es zu einem Anwachsen des Pessimismus, manche begannen, an den Endsieg der deutschen Wehrmacht und an einen unvermeidbaren Triumph des NS-Regimes zu glauben.

Kurt Schumacher verfolgte mit Interesse den Vormarsch der deutschen Armeekorps, er war überzeugt, daß Moskau und Leningrad rasch fallen und die Sowjetunion besiegt werden würde. Viktor Matejka teilte diese Ansicht nicht. Er hielt an seiner Überzeugung fest, daß trotz aller politischen und militärischen Erfolge der Nationalsozialismus geschichtlich gesehen bloß ein Zwischenspiel sein konnte. Je größer die Siege Hitlers, je öfter er politische Höhen erreichen würde, desto schneller ginge er dem Untergang entgegen und desto tiefer würde er fallen. Diese Einschätzung hielten viele für leeres Gerede. Es gab sogar manche, die meinten, der Dr. Viktor Matejka sei halt ein Dampfplauderer: viele Worte und nichts dahinter. Doch den zahlreichen Worten des Viktor Matejka folgten auch immer Taten. Sogar im KZ Dachau begnügte er sich nicht allein mit Anregungen, mit Einleitungen von Diskussionen über Literatur, Theater, Malerei oder mit Debatten über Zeitungsartikel, politische Ereignisse oder gar mit Kommentaren über Handlungen von Personen – wobei das letztere in der labilen Lage des KZ-Lebens nicht ungefährlich war –, er setzte Taten. Für ihn war es immer selbstverständlich, Kameraden aktiv zu unterstützen und Solidarität zu üben. Wenn es ihm möglich war, half er, unbeschadet welcher politischen Gruppierung der Hilfsbedürftige angehörte, besonders einige „Rotspanienkämpfer", das waren junge Österreicher, die 1936–1939 als Soldaten auf seiten der spanischen Republik gegen General Franco kämpften, sind ihm zu Dank verpflichtet.

Seine unermüdliche Aktivität, seine Sammelleidenschaft, sein Bedürfnis, Informationen zu erhalten und an andere weiterzugeben, konnte Viktor Matejka auch im

KZ Dachau nicht unterdrücken. Obwohl gemäß der von der SS verlautbarten Lagerordnung politische Diskussionen, ja sogar Gespräche zwischen mehr als drei Personen streng verboten waren, suchte und fand er immer Mittel und Wege, um dieses Verbot zu durchlöchern.

Häftlinge, denen von zu Hause Geld überwiesen wurde, konnten damit das Abo einer Zeitung bezahlen. Natürlich sorgte die Häftlingsorganisation dafür, daß eine Vielfalt von Tageszeitungen, Wochen-, Monats- oder Kunstzeitschriften bestellt wurde, z. B.: den Kärntnern ihre Gauzeitung, den Wienern der Völkische Beobachter usw. Aus dieser Vielfalt von Druckerzeugnissen organisierte Matejka, gestützt auf die Mitarbeit einiger Häftlinge, Ausschnitte über Kunst, Beiträge von Schriftstellern, die sich nicht völlig gleichschalten ließen, z.B. Gedichte, Artikel über den Kampf von Stalingrad, aber auch Ausschnitte von Romanen. In der Regel waren dies Schriftstücke berühmter ausländischer Autoren. Alle diese Artikelausschnitte wurden zu kleinen Paketen zusammengestellt, in der Lagerbuchbinderei auf Papierblätter in Oktavformat aufgeklebt und zu Broschüren gebunden. Einige dieser „Pickbücher“ wurden in der Lagerbücherei versteckt aufbewahrt und an ausgewählte, vertrauenswürdige Interessenten verliehen. Andere wiederum wurden unter großen Vorsichtsmaßnahmen von Häftling zu Häftling weitergegeben, wie z.B. das „Pickbuch“ des Werkes von Calderon de la Barca, „Der Richter von Zalamea“. Alle diese Tätigkeiten mußten vor den Lagerbehörden geheimgehalten werden, bloß ein sehr kleiner Teil der Insassen des Konzentrationslagers wußte davon. Als Interessenten und Benützer kamen nur vertrauenswürdige deutschsprachige Häftlinge in Frage, und davon nur jene, die in guten Kommandos arbeiteten und somit Zeit zum Lesen hatten.

Aus meiner Zeit im KZ habe ich Viktor Matejka als aufrechten Demokraten und Antifaschisten, als Menschen, der an Österreich glaubte und für die Wiedergeburt eines freien Österreichs unermüdlich eintrat, in Erinnerung.

Diese Einschätzung hat Matejka mit seinem Handeln nach der Befreiung im Jahre 1945 voll bestätigt und weiter vertieft. In seiner Arbeit als Wiener Stadtrat für Kultur und Volksbildung, aber auch als Mitglied des Zentralkomitees der Kommunistischen Partei Österreichs, findet man dafür zahlreiche Beispiele. Stärker als je zuvor trat er als Friedensaktivist und als Vertreter berechtigter Forderungen der Bevölkerung in Erscheinung. Nicht immer fanden seine Vorstellungen Zustimmung, sogar seine Freunde und Gesinnungsgenossen gaben ihm nicht immer Recht. Das störte Viktor Matejka nicht sehr. Mein Eindruck war, daß er solchen Auseinandersetzungen nicht aus dem Wege ging, daß er sie des öfteren suchte und seine Freude an inhaltlich fundierten Diskussionen hatte. Doch niedrige Übertreibungen und häßliche Winkelzüge lehnte er ab. Er war andererseits stets bereit, vermittelnd und versöhnend zu wirken, sogar ehemaligen Hitleranhängern schenkte er seine Aufmerksamkeit. Er hielt zu vielen Politikern Kontakt, besonders zu jenen, die er aus dem KZ und der Widerstandsbewegung kannte. Auch mit einfachen Wienern verbanden ihn enge Beziehungen. Ich erinnere mich daran, wie er sich als Trauzeuge bei der Hochzeit des damaligen Bezirkssekretärs der KPÖ Wien-Hietzing und beim anschließenden Hochzeitsmahl beteiligte und mitfeierte. Die in einem Wirtshaus stattfindende Feier und das Festessen nahmen Dank der Hilfe des Stadtrates Matejka einen guten Verlauf, es gab Dinge zu Essen, die damals zu Beginn des Jahres 1946 keine Selbstverständlichkeit waren.

Viele Beispiele, die zeigen, daß sich der damalige Kulturstadtrat bei Zusammenkünften mit einfachen Wienerinnen und Wienern sehr wohl fühlte, könnten angeführt werden. Ich möchte jedoch mit einem kurzen Hinweis auf die antifaschistische Ausstellung „Niemals vergessen“, die ein Jahr nach Kriegsende stattfand, meine Erinnerungen an Viktor Matejka beenden. Die Ausstellung war während der Monate September, Oktober und November im Wiener Künstlerhaus zu besuchen. Ihr Initiator, Agitator und Propagandist war Dr. Viktor Matejka. Gestützt auf die Hilfe und Mitarbeit dutzender bekannter Künstler und Persönlichkeiten des öffentlichen Lebens organisierte er – trotz der im Jahr 1946 überall vorhandenen Schwierigkeiten und Nöte – diese wirkungsvolle Veranstaltung. Die Ausstellung wurde zu einem großen Erfolg, fand viel Anklang beim Publikum und war auch deshalb sehr gut besucht. Sie war in vielen Aspekten Ausdruck der tiefen Überzeugung Viktor Matejkas, der mehr als einmal sagte: „Man muß den Krieg im Frieden bekämpfen. Dazu gehört Mut!“

Als Motto der Ausstellung „Niemals vergessen“ wurden folgende Sätze gewählt, und diese Worte drücken die Lebenshaltung und das Wirken des Viktor Matejka treffend und eindringlich aus: „Nicht der Verewigung des Hasses dient diese Ausstellung. Wir alle sind schuldig. Jeder erkenne selbst sein Maß an der Schuld. Keiner verschließe sich den dargereichten Argumenten, vor allem nicht, wer – bedrängt von Not oder irregeleitet – in der Front des Verderbens stand. Erkenntnis allein ermöglicht den Bau einer besseren Welt.“

Hermann Precht
Er tat, was er für richtig hielt

„Ich brauche keine Weltanschauung, ich schaue mir lieber die Leute an."

V.M.

Viktor Matejka wirkte in Menschen und damit auf die Gesellschaft. Wenn Freud einmal sagte „Der Einzelne ist eine Gesellschaft im kleinen", so hat V.M. wie kein anderer gesellschaftliche Wirkung erzielt, weil er viele Menschen anregte, förderte, indem er sie respektierte, akzeptierte, sie lobte, kritisierte und Anregung, Förderung und Kritik sich so verdichteten, daß er zeit seines Lebens ein Kraftzentrum war, eine Bühne, auf der immer gespielt wurde, wobei man nicht wußte, sitzt V.M. im Zuschauerraum oder agiert er oben im Narrengewand mit der Wirkung einer Stechmücke. Er war ein Aggregat, das ständig in Betrieb war und schwache Stromstöße von Orientierung suchenden, an sich und der Welt zweifelnden Menschen in zutrauende Stärke verwandelte. Die Repräsentanten der vereinigten Showtalente aber verstand er, auf ihre wahre Bedeutung hinunterzutransformieren und einem jungen Menschen die Größe der Politiker, die klein blieben, auch wenn sie groß wurden, so hand- und gabelgerecht zu tranchieren, daß es nur eines kleinen Impulses bedurfte, symbolisch all jene organischen Funktionen lustvoll in Gang zu setzen, die zum Essen im engeren und weiteren Sinne gehören.

In den vielen Jahren, in denen ich mit ihm befreundet war, hat er nie neue Kleider gekauft und nur alte getragen. Aber er war ein Meister, die neuen Kleider der Kaiser als das zu enthüllen, was sie waren: unzulängliche Versuche, ihre Blöße als „Korrumpelstilzchen" zu bedecken.

Er tat, was er für richtig hielt und dies war öfter als bei

anderen richtig, was einschloß, daß er manches auch falsch machte. Die Angst jedoch, weil er etwas falsch machen könnte, lieber nichts zu tun, die kannte er nicht. Selbst Bertolt Brecht und Helene Weigel konnten ihn aus dem fernen Kalifornien nicht daran hindern, daß im Mai 1946 in der Josefstadt „Der gute Mensch von Sezuan" aufgeführt wurde.

Als er nach dem Zusammenbruch als neuernannter Kulturstadtrat eine Vollmacht erhielt, nunmehr zuständig zu sein für die Kultur in Wien, übte er Macht aus, wie er sie verstand: Er half Künstlern und damit der Kunst oder half, daß andere ihnen zu helfen bereit waren. Er besorgte Kerzen für die Schauspieler zum Rollenlernen und ließ in einem Bezirk zeitweilig den Strom abschalten, damit in einem anderen Stadtteil Theater gespielt werden konnte.

Er hatte nichts gegen den Satz aus Brechts „Dreigroschenoper": „Erst kommt das Fressen, dann kommt die Moral." Durch sein Handeln setzte er damals andere Prioritäten: „Was nützt das Essen ohne die Kunst?" Es sei angemerkt, daß er gerne aß und den Genüssen des Lebens nicht auswich, denn ein Asket war er nie. Aber alles, was er tat, hatte den unverwechselbaren Stil seiner ausgeprägten Persönlichkeit.

Er verstand es, die Menschen zu bedrängen, nachzuhaken, wenn nötig, mit Briefen zu „bombardieren". Ich kenne niemand, der so viele Briefe schrieb wie V.M. Diese Briefe informierten, kritisierten, räsonierten und intervenierten. V.M. war ein Meister der Intervention, nicht für sich, sondern für andere Menschen, für Künstler, für eine durch ihn erkannte Begabung. Er übte Kritik an seinem Land, das er liebte und erreichte auch darin eine Meisterschaft, daß manch einer, der seinetwegen nach Österreich, nach Wien kam, es lieben und verstehen lernte. Seine Kritik und die sich selbst gestellte Aufgabe, die Jungen gegen die falschen Ansprüche der Alten zu immunisieren, hat ihn aber nie daran gehindert, die Inhaber der Macht zu instrumentalisieren, um seine Ziele zu erreichen. Vor Spektabilitäten hatte er wenig Respekt, weil er Autorität besaß, die nicht an eine Funktion gebunden, nicht von einem Amt abhängig war.

Es gab in ganz Wien nur eine Wohnungstür, auf der außen für Karl Kraus und „Die letzten Tage der Menschheit" durch Plakate geworben wurde, das war diejenige von Viktor Matejka in der Theobaldgasse 15, Wohnung Nr. 20. Wer da wohl wem die Fackel weitergereicht hat?

Hans Weigel schrieb 1984 in einem offenen Brief über V.M.: „Ich muß meine Lieblingsanekdote auf ihn anwenden. Im Café Imperial saß Friedrich Eckstein, ein Bruckner-Freund, umfassend gebildet, ein sogenannter Polyhistor. Über ihn soll Karl Kraus gesagt haben: ‚Wenn das Konversationslexikon einmal unsicher ist, schlägt es im Eckstein nach.' Ich wage zu behaupten: ‚Wenn die Zeitgeschichte einmal unsicher ist, schlägt sie im Viktor Matejka nach.'"

Die Kräfte der Zerstörung sind oft erfolgreicher als die Menschen, die sich um Humanität bemühen.

Was war ein Viktor Matejka gegen einen General, gegen einen Hitler, der für Millionen von Menschen Schicksal war und den Tod bedeutete?

Hatte Matejkas über sechs Jahre dauernder KZ-Aufenthalt in Dachau überhaupt einen Sinn, angesichts der Sinnlosigkeit von Gewalt, Haß und Zerstörung? Zeit seines Lebens hat V.M. jedem Menschen, der mit ihm zusammenkam und zu hören verstand, den unauslöschlichen Eindruck vermittelt, daß es auf jeden einzelnen, sein Denken, Reden und Tun ankommt.

Die Art und Weise wie V.M. Widerstand leistete, ist ein Ruhmesblatt für Österreich. Er war einer jener Gerechten, um deretwillen einem Volk manches verziehen wird. Ein Stellvertreter ohne Unfehlbarkeitsanspruch, der Hähne sammelte, aber sein Land und dessen Kultur nicht verriet. Er machte sich über den Mist, auf dem er krähte, keine Illusionen, meinte aber, die Zeitläufe müßten beeinflußt, Verhältnisse geändert und Erinnerungsspuren gelegt werden.

So darf erinnert werden an das „Kriegslied“ von Mathias Claudius aus dem Jahr 1788, dessen 5. und 6. Strophe lauten:

Wenn Hunger, böse Seuch’ und ihre Nöthen
Freund, Freund und Feind ins Grab
Versammleten, und mir zu Ehren krähten
Von einer Leich’ herab?

Was hülf mir Kron’ und Land und Gold und Ehre?
Die könnten mich nicht freun!
’s ist leider Krieg – und ich begehre
Nicht Schuld daran zu seyn!

Er war nicht schuld daran. Er las im Unterschied zu vielen rechtzeitig Hitlers „Mein Kampf“ und zog daraus die Konsequenz, unter Einsatz seines Lebens zu widerstehen. Am 2. April 1938 war Viktor Matejka mit dem ersten Transport von Österreichern im KZ-Dachau angekommen. Am 2. April 1993 ist er gestorben.

Was er gedacht, geredet, getan, gelitten und gewirkt hat, davon vermittelt einen Eindruck die 1981 von der Geisteswissenschaftlichen Fakultät der Universität Wien approbierte Dissertation von Dr. Eilsabeth M. Klamper: „Viktor Matejka. Ein österreichischer Patriot.“

Wenn es ein Zeichen von Eitelkeit ist, sich zur Erinnerung an die Nachwelt porträtieren zu lassen, dann war V.M. eitel. Doch die Tatsache, daß fast alle Künstler, mit denen er es zu tun hatte, ihn porträtierten, oft aus Dankbarkeit, manchmal auch auf seine ausgesprochene oder unausgesprochene Veranlassung hin, hatte tiefere Gründe als menschliche Eitelkeit. Jedes Portrait von sich erhöhte seine Toleranz gegenüber Menschen, denn er erlebte mit jedem Bild neu, daß er von jedem Künstler anders gesehen, anders erlebt wurde und es deshalb sinnlos ist, anderen die eigenen Vorstellungen von sich aufzuzwängen. Er ließ jedem Künstler und jeder Künstlerin die Freiheit, den V.M. so zu malen, wie sie ihn sahen. Ich habe ihn in all den Jahren nie ein Portrait von sich kritisieren hören. Wenn es da heißt, man solle den Nächsten lieben wie sich selbst, dann hat V.M. die Menschen geliebt.

Mir hat er Wien erschlossen. Jahrzehntelang unterhielt er im V. Bezirk, in der Oberen Amtshausgasse 35, eine Dependance für Studenten, sich in Ausbildung befindliche Künstler und zahlreiche Besucher aus europäischen Ländern, vor allem aus dem Ostblock, also für Menschen, die weniger Geld hatten als andere. In dieser Wohnung lernten sich Leute unter anderem aus Polen, der CSSR, der Schweiz, Österreich und Deutschland kennen, Menschen, die von Viktor auf seine sehr wirksame und persönliche Weise gefördert wurden. Es konnte gar nicht anders sein, daß daraus Bekanntschaften und Freundschaften entstanden.

Diese Wohnung war gleichzeitig Archiv und Fundgrube: Voll von Büchern, Zeitungen und Zeitschriften wie zum Beispiel alle Jahrgänge der Wiener Ausgabe des „Völkischen Beobachters", denn Viktor las und sammelte auch jene Zeitungen, die er ablehnte. Es war beeindrukkend, mit welcher Geduld V.M. bei all seiner unkonventionellen Hilfe wissend ertrug: Wer hilft, wird auch ausgenützt.

Und so wurde er geliebt, von vielen, denen er durch ihre Schwäche hindurch geholfen hat. Er half einzelnen und damit der Gesellschaft. Er übereignete seinen Körper dem Anatomischen Institut in der Währinger Straße, wollte keine Beerdigung, der medizinischen Wissenschaft und damit den Menschen dienend.

Daß er auch in den langen Jahren seiner Krankheit den Titeln seiner Bücher treu bleiben, immer Anregung geben und bis zuletzt auch gegen den Tod Widerstand leisten konnte, das verdankt er, verdanken wir seinen Ärzten und nicht zuletzt seiner Frau Lina Matejka.

Erwin Ringel
Er war ein Motor

Ich glaube, der Kontakt zwischen uns begann in den sechziger Jahren. Ich hielt einen Vortrag, ich weiß nicht mehr zu welchem Thema, und Viktor Matejka nahm dazu Stellung. Seitdem war er mir immer gegenwärtig – bis zum letzten Tag.

Matejka begrüßte sehr meine Forderung nach Selbstmordverhütung. Wir waren darin einer Meinung, daß die Gesellschaft verpflichtet ist, für einen, der gar nicht mehr weiter kann, alles zu versuchen, um ihm das Leben wieder erträglich zu machen. Im Laufe der Zeit sind wir Freunde geworden. Ich glaube, sagen zu dürfen, er hat mich gemocht.

In einem Punkt konnten wir uns nie einigen, zum Schluß hatte ich allerdings das Gefühl, daß er mich immerhin bis zu einem gewissen Grad verstanden hat. Dieser Punkt der Auseinandersetzung war Engelbert Dollfuß. Für ihn war Dollfuß eine Katastrophe, weil er das Parlament ausgeschaltet, weil er den Februar 1934 auf dem Gewissen hatte. Das alles stimmt. Ich selbst aber war als junger Mensch von der Tapferkeit des Dollfuß beeindruckt. Mir hat sein Entschluß, gegen Hitler Widerstand zu leisten, imponiert, davon war ich begeistert. Ich glaube nach wie vor, daß Dollfuß ein Märtyrer war, weil er zweifellos für Österreich gestorben ist. Man muß eben erkennen, daß er – wie jeder Mensch – nicht nur gut, sondern auch böse war und umgekehrt. Folgende Faktoren muß ich als Milderungsgründe für seine unverzeihlichen Fehler anführen: Er sah, daß die Zahl der nationalsozialistischen Stimmen bei jeder Wahl enorm zunahm. Er schuf Wahlen und die Demokratie nicht nur ab, um die Sozialdemokratie auszuschalten und diktatorisch zu herrschen, sondern um das sogenannte demokratische Aufkommen der Nazis, wie es in Deutschland der

Fall gewesen war, zu verhindern. Das ist keine Entschuldigung für die Ausschaltung des Parlaments, aber ein ehrenwertes Motiv.

Was nun den schrecklichen Februar 1934 betrifft, muß berücksichtigt werden, daß Dollfuß überzeugt war, nur Italien könne Österreich vor der deutschen Aggression retten. Damit lieferte er sich natürlich Mussolini aus und mußte dessen Befehl, die Sozialdemokratische Partei auszuschalten, Folge leisten. (Freilich ist zu sagen, daß er diesen Auftrag relativ gerne befolgte.) Davon unabhängig hatte Dollfuß mit seiner „italienischen Karte“ aber eigentlich recht, denn nach seiner Ermordung bewahrte einzig und allein Italien Österreich seine Unabhängigkeit, ebenso wie es in dem Moment verloren war, als sich Hitler und Mussolini einigten. Man sagt: Er hätte auf England und Frankreich setzen müssen, dann wäre Österreich eine Demokratie geblieben und hätte Hitler Widerstand leisten können. Aber haben diese beiden Staaten nicht 1938 die lupenreine Demokratie Tschechoslowakei schmählich im Stich gelassen? Wie dem auch sei, Dollfuß war jedenfalls ein Mann, der die Gefühle Matejkas und meine immer wieder erregte. Also hatten wir bis zuletzt über ihn Auseinandersetzungen.

Die verbindenden Momente bestanden darin, daß ich mich immer mehr in die Richtung Matejkas entwickelte. Je älter ich wurde, umso ernster mußte ich die sozialen Probleme nehmen, insbesondere als Psychiater, also als Anwalt der Schwachen. Weiters hat uns die gemeinsame Begeisterung für Kunst und Literatur zusammengeführt. Mich hat sehr beeindruckt, daß er der einzige war, der versucht hatte, die Vertriebenen zurückzuholen. Wir waren in der Beurteilung des christlichen Antisemitismus völlig einig. Es gab (und gibt?) zumindest drei Gemeinsamkeiten zwischen Kirche und Nationalsozialismus:

1. die Verherrlichung der Autorität;
2. den Antisemitismus;
3. den Antikommunismus.

So hatte Matejka als Kommunist auch unter dem rabiaten Antikommunimus zu leiden gehabt. Die Leute verstehen meiner Meinung nach bis heute nicht diesen radikalen Unterschied zwischen Kommunismus und Nationalsozialismus: Der Nationalsozialismus war mit seinem ersten Gedanken (Rassismus) eine unsittliche Bewegung, der Kommunismus ist als Idee eine heilige Sache (dem Urchristentum ähnlich), und erst durch die praktische Durchführung ist aus dieser reinen, guten Idee eine unsittliche und verbrecherische Bewegung geworden. (Leider schon durch Lenin, erst recht unter Stalin.) Außerdem darf man nicht vergessen, daß die Sowjetunion die größten Opfer brachte, um unser Österreich wieder frei zu machen. So sehr ich den Stalinismus als verbrecherisch ablehne, war Stalin für mich zwischen 1941 und 1945, wie für viele andere, ein Symbol des Widerstandes. Diese Tatsache kann ich bis zum heutigen Tage nicht auslöschen, denn ich habe gleichsam um jeden Kilometer gebetet, den die russischen Truppen vorrückten. Meine Einstellung zu Rußland ist daher eine andere als die vieler Österrreicher: keine Besatzungs-, sondern eine Befreiungsmacht.

Auch in der Beurteilung der röm. kath. Kirche war ich mit Matejka einer Meinung. Er sah die Entwicklung unserer Kirche gerade in den letzten Jahren unter diesem Papst sehr, sehr negativ, vielleicht sogar noch negativer als ich. Jedenfalls war uns beiden klar, daß intensive Bemühungen liefen, das II. Vatikanum ungeschehen zu machen. Ich vertraute (und vertraue auch weiterhin) mehr als er auf die wichtigen Gegenkräfte der kirchlichen Basis.

Viktor Matejka war eine der dynamischsten Persönlichkeiten, die es überhaupt geben kann. Er strotzte vor Neugier, Spannung, Ideen, Anregungen. Er war ein Motor ohne gleichen, blitzgescheit, ein hervorragender Redner. Er hatte mit Friedrich Heer eine Gemeinsamkeit: Eine Überfülle an Ideen strömte beiden zu. Er sprach ein

Wort, und zu dem Wort fiel ihm gleichzeitig Zehnerlei ein. Das führte natürlich momentan zu den tollsten Gedankensprüngen. Die beiden hatten noch eine Gemeinsamkeit: Sie waren Polyhistoren, nicht eng konzentriert auf ein Gebiet, sie hatten keine fachlichen Scheuklappen, sondern sie wußten von den unglaublichsten Dingen unendlich viel. Da gab es immer wieder Überraschungen. Aber Matejka war trotz dieser Ähnlichkeiten ein Unikat, ein erratischer Block in einer sonst durchschnittlichen Landschaft.

Matejka hat enorm für sich an Österreich gelitten. Trotzdem hat er das Land geliebt. Sein Einsatz galt nie dem Ruhm der eigenen Person, sondern dem Land und seinen Menschen. Matejka war davon überzeugt, daß man die Hände nicht in den Schoß legen, nicht phlegmatisch sein dürfe. Sich wehren, sich bewegen, handeln, das war sein Prinzip, und sein Vermächtnis ist: Widerstand.

Edith Rosenstrauch-Königsberg
Viktor – privat

Als ich im September 1946 aus der englischen Emigration heimkehrte, war der Name des Wiener Stadtrats Matejka zwar noch keine Legende, aber schon ein Begriff. Persönlich lernte ich Viktor erst einige Jahre später kennen. Als Chefredakteur des „Wiener Tagebuchs" hielt Viktor Matejka nicht einfach Redaktionssitzungen ab (Vielleicht gab es auch das, ich weiß es nicht.), er führte richtige Redaktionskonferenzen mit zahlreichen Teilnehmern und ernsten Diskussionen ein.

Als Mitarbeiterin der Redaktion der Studentenzeitung des VdS (Verbands demokratischer Studenten) war ich zu diesen Redaktionskonferenzen eingeladen. Vom Inhalt der Diskussionen bei diesen Konferenzen ist mir kaum etwas in Erinnerung, wohl aber von deren ungewöhnlicher Form. Hier wurde mit einer Offenheit diskutiert, die im Kreise der Kommunisten eher fremd und ungewohnt war, hier konnten auch „kleine Leute" wie ich mitreden. Mir fiel das keineswegs leicht. Das unter Kommunisten übliche Du-Wort war eine Pflichtübung, die kaum etwas an den autoritären Strukturen änderte. Vor Autoritäten wie Viktor Matejka erstarb und erstotterte ich. Erst sehr viel später, gegen Ende von Viktors Leben, erfuhr ich, daß er mich schon damals beachtet hatte. Für mich war er damals nur „der große Mann", ganz gewiß aber kein Mann. Seine Beachtung hatte allerdings wohl eher der jungen Frau gegolten; ob er deren Diskussionsbeiträge auch ernst nahm, kann ich nicht sagen. Doch warum war er dann in den sechziger Jahren, als ich mit ihm gemeinsam im Vorstand der Österreichisch-Polnischen Gesellschaft tätig war – einer Nische für oppositionelle Linke, die damals noch nicht Revisionisten und auch nicht Eurokommunisten hießen –, so bemüht, mich davon zu überzeugen, daß es richtig und wichtig und möglich sei, daß ich, schon etwa fünfundvierzig Jahre alt, noch den Doktorhut erwerbe?

Und er vermochte mich zu überzeugen. Damals gab es noch kein Magisterium, bzw. gab es dies nur für Pharmazeuten; ich hatte anfangs der fünfziger Jahre mein Absolutorium erhalten, also alle notwendigen Vorprüfungen zum Erwerb der Doktorwürde abgelegt, aber noch nicht meine Dissertation eingereicht. Mein geliebter vorgesehener Doktorvater war kurz darauf verstorben, nachdem er den heute in den USA tätigen Kollegen Strelka zu mir in den Globus-Verlag mit dem Auftrag geschickt hatte, mich dazu zu bringen, die konzipierte Dissertation, über die ich im Seminar ausführlich referiert hatte, zu Papier zu bringen. Mich aber kümmerte der Doktorgrad damals wenig; ich arbeitete als Verlagslektor – und Höheres strebte ich nicht an. Ich wußte freilich nicht, daß mein Lehrer Oskar Benda an Kehlkopfkrebs litt und seine Lieblingsschülerin gerne noch vor seinem Ende zum Doktor „gekrönt“ hätte. Das war also vorbei.

Nun gab es nur mehr Lehrer ganz anderer Art, die für mein Thema aus der österreichischen josephinischen Literatur in Frage kamen. Ich fürchtete die Rigorosen, doch Viktor Matejka versuchte, mich zu überzeugen, daß ich die geplante Dissertation niederschreiben solle; alles weitere würde sich schon finden. Dies stand ganz im Gegensatz zu meinen Auffassungen, zu meinem Charakter, auch zu meiner persönlichen Unsicherheit. Doch Viktor vermochte mich zu überzeugen. Ich trat den Gang zum eben ernannten neuen Ordinarius an der Wiener Universität an, von dem ich aufgrund seiner Vergangenheit kaum Sympathien erwartete. Zum denkwürdigen Datum des 12. März 1971 war es dann so weit. Meiner Promotion zum Dr. phil. stand nichts mehr im Wege. Und Viktor Matejka ließ es sich nicht nehmen, zur Promotionsfeier im Hotel Sacher, zu der mein Mann eingeladen hatte, zu erscheinen. Er überreichte mir später zwei Portraits, die sehr unterschiedliche Künstler von ihm gezeichnet hatten: eine Radierung von Marcel Schmid und eine Graphik von Watzl. Auf die Radierung Marcel Schmids hatte er in zierlichen Buchstaben geschrieben: „Der schönen Dr. phil. (Sacher) Edith von einem verwelkten Blümerl. Viktor Matejka 23. 2. 72“. Ich empfand das damals als wenig schmeichelhaft. Doch die beiden Bilder zieren heute die Wände meines Heims.

Bald darauf entschloß ich mich, mir einen alten Traum zu erfüllen. Mein neues Heim gestattete dies. Ich wollte einen „jour fixe“ einführen, bei dem Jung und Alt in Harmonie zusammentreffen, Menschen, vor allem Intellektuelle aus verschiedenen Bereichen miteinander diskutieren sollten. Die Meinungen sollten hart aufeinanderprallen, die Formen aber stets gewahrt bleiben. Alle Themen standen offen. Für Speis und Trank wollte ich sorgen.

Es bestand kein Zweifel daran, daß Viktor eine der Säulen der Diskussion sein sollte. Er war einer der vier ältesten Teilnehmer, von denen drei im vorigen Jahr verstorben sind: neben Viktor Matejka Ruth von Mayenburg und Dora Zeemann. Alle drei hatten stets eifrig an den Diskussionen teilgehabt, wie nicht anders zu erwarten, Viktor am eifrigsten; nicht immer diszipliniert, auch nicht immer am Thema festhaltend, vielmehr oft abschweifend, oft auch langatmig und öfter auch monologisch, doch niemals uninteressant, immer fesselnd und amüsant. Nie nahm er sich ein Blatt vor den Mund, oft wählte er eine derbe Sprache, immer nannte er das Kind beim Namen.

Es gab Menschen, gegen die er stets eine harte Sprache fand – ob gerechtfertigt oder nicht. Zu diesen zählte Ernst Fischer, was ihn nicht hinderte, eine herzliche Beziehung zu dessen Exgattin Ruth von Mayenburg in unserem Kreise zu demonstrieren.

Viel sprach er hier über seine Kindheit und Jugend in Stockerau, über seinen Vater, den Gerichtsdiener, über seine Tätigkeit als Ministrant, über sein „Wirken“ am

Burgtheater; dann auch über seine politischen Aktivitäten gegen Hitler schon lange vor dem Einmarsch der Nazis, wobei er stets betonte, daß er nie der Christlichsozialen Partei oder der Vaterländischen Front angehört hatte. Über seine volksbildnerische Tätigkeit bei Ludo Hartmann sprach er oft, auch über seine Arbeit im Rahmen des Instituts für österreichische Geschichte, die ihn mit Doderer zusammengeführt hatte, von dem ihn aber dessen eher brauner Hintergrund trennte. Ohne Hemmung sprach er höchst verächtlich über manch angesehenen Mann, lobte dann aber manch einen, von dem die meisten verächtlich zu sprechen pflegten. An Vulgarismen fehlte es bei seinen Ausführungen nie.

Als ich diesen „jour fixe" nicht mehr fortsetzte, weil er sich meiner Meinung nach totgelaufen hatte, reklamierte ihn Viktor immer wieder, schlug vor, daß ich ihn mit weniger Aufwand fortsetze – in der Annahme, daß der tiefere Grund für dessen Abschaffung im materiellen oder arbeitsmäßigen Aufwand lag.

All dies floß ein in seine Briefe, von denen ich zahlreiche erhielt, ohne selbst viel zu schreiben. Jeden kleinen Geburtstagsgruß beantwortete er mit einem ausführlichen Schreiben, in dem er oft auch aktuelle Ereignisse kommentierte.

Als ich in die Innere Stadt übersiedelte, trudelte Viktor in der neuen Wohnung ein, als ich noch mitten in der Übersiedlungsarbeit steckte; da kam er auf einmal mit meinem Mann herein, brachte mich in tiefe Verlegenheit.

Als ich dann in meinem neuen Heim einen neuerlichen Anlauf mit dem „jour fixe" nahm, an dem dann auch noch viel jüngere Leute teilnahmen – stets an die zwei Dutzend Jüngere und Ältere –, diese drei oder vier Generationen aber nur schwer eine gemeinsame Sprache finden konnten, da war Viktor schon sehr krank. Trotzdem kam er noch das eine oder andere Mal.

Manche hatten schon früher gesagt, man sollte seine Diskussionsbeiträge auf Band aufnehmen, mein eigener

Mann hatte immer wieder darauf hingewiesen – geschehen ist dies in diesem Rahmen nie.

Viktor war nun nicht mehr ausgehfähig, des öfteren riefen wir noch an, im Grunde kümmerten wir uns viel zu wenig um ihn. Seine zweite Frau habe ich nie persönlich kennengelernt, obwohl ich das eine oder andere Mal mit ihr telephoniert hatte. Dann kam eines Tages ein Anruf von ihr, ich möge Viktor im Spital besuchen. Es folgten zwei weitere Anrufe von mir unbekannten Freunden Viktors, die mir in seinem Namen nahelegten, ihn zu besuchen. Diese Anrufe erreichten mich nicht persönlich, wurden mir von meinem Mann übermittelt. Wir wollten ihn an einem Sonntag gemeinsam besuchen. Michel Cullin, gerade aus dem Ausland zu Besuch in Wien, ein großer Freund und Bewunderer Viktors, und mit uns zu Tische, wollte mitkommen. Doch es kam anders: Meinem Mann war übel, er verschob seinen Besuch, und ich ging nur mit Michel hin.

Zu unserer Überraschung befand sich Viktor keineswegs im Bett, er saß an einem Tisch, der ans Fenster herangerückt war, mit Blick zum Fenster. Diesen Tisch nützte er als Schreibtisch, sah nicht in den Raum, sondern in Richtung des Fensters, in Wirklichkeit aber auf die Papiere, an denen er gerade arbeitete. Erst als Michel ihn berührte und „Servus, Viktor“ sagte, blickte er sich um und war überrascht, als er uns beide zusammen sah. Er gab seiner Überraschung in recht volkstümlicher und für mich verwirrender Weise Ausdruck, küßte mir die Hand und begründete das Michel gegenüber. Und dann sprach er, sprach klar und angeregt, alles war wieder in seinem Gedächtnis, sprach über die Leute, mit denen und für die er als Stadtrat tätig war, sprach über die politische Lage, sprach über Günther Anders und über seinen Freund Simmel, befragte mich über meine Familie, wollte wissen, was meine Tochter Hazel derzeit mache. Sie hatte er kennengelernt, als sie als Letzte noch die Redaktion des „Tagebuch“ übernommen hatte und dessen Erscheinen schließlich einstellte. Damals hatte sie den Kontakt zu Viktor Matejka aufgenommen, in der Hoffnung, er könnte noch zur Rettung der Zeitschrift beitragen. Von mir wollte er genau wissen, was sie nun mache und warum sie ihn nicht besuche. In ähnlicher Weise befragte er mich über meinen ältesten Enkel Michael, der als Lektor das erste Buch Viktors betreut und ihn in dieser Funktion öfter aufgesucht hatte; alles wollte er über ihn wissen. Und so, wie er den Lebensweg meiner Familie verfolgte, erzählte er uns auch vom Leben anderer – wunderbar übersichtlich und klar. Äußerlich wirkte er verjüngt. Der Bart war abrasiert, er hatte ein glattes Gesicht wie in seinen jungen Jahren.

Als es zum Abschiednehmen kam, wollte er uns immer wieder zurückhalten. Letztlich schied ich mit Kuß. Es war das letzte Mal, daß ich Viktor sah; spätere Besuche, als er neuerlich im Krankenhaus lag, hatte ich aufgeschoben – bis es zu spät war. Aber ich habe Viktor Matejka noch kurz vor seinem Ende so gesehen und gehört, wie er in seinen besten Jahren war – unvergleichlich.

Dieter Schrage
Die Porträtsucht

Zahlreiche Politiker, vor allem Bürgermeister, Kammerpräsidenten, Bezirksvorsteher u. a. neigen dazu, sich in Zeitungen, die in ihrem Einflußbereich liegen, auf möglichst vielen Seiten, und selbstverständlich auf den Titelseiten, abbilden zu lassen.

War Viktor Matejka – ja selbst einmal ein bedeutender Kommunalpolitiker – auch so einer? Wenn auch, da einst Kulturstadtrat, viel subtiler, kultivierter? (Keine banalen Fotos mit Jubilaren, Künstlern oder bei Einweihungsfeiern, Grundsteinlegungen und ähnlichem.) Matejka ließ sich – wie bekannt – leidenschaftlich gerne von Künstlern und Künstlerinnen porträtieren, zum Teil von sehr namhaften wie Otto Rudolf Schatz, Alfred Hrdlicka, Max Weiler, Georg Eisler, Ernst Fuchs oder Oswald Oberhuber. Eigentlich fehlte nur noch eine Arnulf Rainer-Übermalung!

Im Herbst 1993 hatte ich in der „Kleinen Galerie" eine Ausstellung mit einer Auswahl von Matejka-Porträts zu eröffnen. In Vorbereitung dieser Aufgabe ging ich der Frage nach, was ihn über Jahrzehnte veranlaßt hatte, möglichst viele Bildnisse von sich malen und zeichnen zu lassen. Übrigens gibt der in Sachen Porträts Guiness-Buch der Rekorde Verdächtige im Katalog „Aus den Ansammlungen des Künstlerfreundes Viktor Matejka" (Wiener Secession 1982) selbst eine Begründung für seine Porträtsucht. Nur ist mir sein Hinweis auf die Freude am „fruchtbaren Pluralismus" etwas zu formalistisch. Überzeugender ist da schon sein Eingeständnis „Ich bin ein Nimmersatt". Aber nimmersatt nach was?

Ein Gespräch mit Rudolf Schönwald, der auch ein sehr gelungenes Ölbild des „Nimmersatts" gemalt hat, war in dieser Hinsicht für mich sehr ergiebig. Ich teile Schönwalds Auffassung, daß Viktor kaum einen besonderen

Hang zur Selbst-Repräsentation hatte. Übermäßig eitel war er auch nicht. Schon eher ein großer Selbstdarsteller. Manchmal sogar ein extremer. Und sicher ging es ihm als Künstlerfreund auch um „Ansammlungen“ von Kunst. Dennoch war sein Hang zum Porträt in einem entscheidenden Maße noch etwas anderes. Viktor Matejka ging es letztlich wohl immer darum, als Porträtierter direkt und hautnah Anteil zu haben am künstlerischen Schöpfungsprozeß, als Objekt (Modell) und als Subjekt (beobachtende Persönlichkeit) Teil des Gestaltungsvorganges zu sein.

Als Gemalter war er in unendlich vielen Facetten selbst so etwas wie ein (Mit-) Malender.

Hermann Schreiber
Die Matejka-Brüder

Die beinahe ein halbes Jahrhundert währende Beziehung zwischen Viktor Matejka und mir wurde durch seinen jüngeren Bruder Wilhelm hergestellt; und da dieser aus Viktors Leben ohnedies nicht wegzudenken ist, sind ein paar Sätze über ihn gewiß angebracht.

Willi Matejka, im Mai 1904 geboren und wenige Jahre vor Viktor an einem Herzversagen gestorben, unterrichtete nach schwieriger Studienzeit und Hauslehrerjahren in Wien Deutsch und Französisch an der Bundeserziehungsanstalt Wiener Neustadt. Sie war unter der Leitung des Pädagogen und Philosophen Ludwig Erik Tesar in den Dreißigerjahren wohl die beste Schule unseres Landes. Willi hatte dort hochqualifizierte Kollegen wie Adalbert Jungwirth, Weltkriegsoffizier und Schriftsteller, und den Dichter Ernst Jirgal (1905–1956), mit dem ihn eine besonders tiefe Freundschaft verband.

Seit meinem zwölften Lebensjahr interessierte er sich für mich, seinen Schüler, beriet mich auch nach der Liquidierung dieser wunderbaren Schule (1936) bei meiner Lektüre und führte mich zu jenen französischen Autoren hin, denen damals auch das besondere Interesse von Viktor Matejka und Nikolaus Hovorka galt – Vertretern einer vergröbernd Linkskatholizismus genannten neuen Strömung des westlichen Geisteslebens, die sich in den Jahren des Spanischen Bürgerkrieges einen selbständigen Platz zwischen Katholizismus und Kommunismus erkämpft hatte (Georges Bernanos, Francois Mauriac u. a.).

Im Krieg war Willi Matejka dank seiner hervorragenden Sprachkenntnisse Dolmetsch-Sonderführer an einem Offiziersgefangenenlager im östlichen Österreich und schaffte es in den letzten blutigen Wochen vor der Kapitulation, die zum Teil hochrangigen und aus bekannten Familien stammenden Herren durch die letzten Killerkommandos der SS hindurch in die amerikanisch besetzten Bezirke Oberösterreichs zu bringen, was ihm später höchste französische Auszeichnungen eintrug. Lehrer und Schüler trafen einander dadurch im Sommer 1945 in Linz, und hier empfing ich jenen Empfehlungsbrief an den in Wien residierenden Viktor Matejka, der meine ersten Schritte ins zivile Leben bestimmte. Ich war nach dem Unfalltod meiner Mutter im Juli 1945 Vollwaise, wegen der Besetzung unserer Badener Wohnung durch die Russen ohne Hausrat, ohne Bibliothek und ohne Vermögen und nur noch mit einem einzigen Kapital ausgestattet: Ich war promovierter Germanist und als Kriegsteilnehmer von 1940–1945 politisch völlig unbelastet.

Um zu Viktor Matejka vorzudringen, mußte man seinen Vorzimmer-Adlatus Dr. Ferdinand Wernigg entweder niederringen oder zermürben. Meist erschien während solcher Wortgefechte Viktor selbst in der Türe, blickte Wernigg mit leichtem Tadel an und sagte kurz „Hermann, kumm eini!".

Am liebsten hätte er mich an eines der feineren Wiener Gymnasien vermittelt, denn die konservativen Kader, die dort so lange mauerten, bis die kompromittierten Kollegen ihre Persilscheine ergattert hatten, waren ihm in der Seele zuwider. Doch ich hatte zwar ein sehr gutes Rigorosenzeugnis, aber keine Lehramtsprüfung, sodaß meine gymnasiale Herrlichkeit vermutlich von kurzer Dauer gewesen wäre.

„Wann ich dich schick, werns schon kuschn!" stellte Viktor bedauernd fest, „Aber der Fischer ist nicht mehr Unterrichtsminister, die Zukunft ist tiefschwarz, nein, ich glaub, das sollten wir uns nicht antun, mir finden schon was!"

„Mir" fanden aber doch nichts; die Wahlen hatten angesichts der nicht ganz seltenen russischen Übergriffe mit einem Debakel der KPÖ geendet und zumindest der schulische Bereich war an die Parteibuchinhaber der Großparteien gefallen. Für einen sehr jungen Mann, der keiner Partei angehörte, nicht einmal den Protestgrüppchen ganz links oder ganz rechts, öffnete sich somit nur die freie journalistische Existenz. Ich wurde Viktors altem Kampfgefährten Nikolaus Baron Hovorka vorgestellt, von dem sich heute in keinem österreichischen Nachschlagewerk auch nur die geringste Spur findet. Hovorka und Viktor hatten bis 1938 die „Berichte zur Kultur und Zeitgeschichte" herausgegeben, eine Zeitschrift, die als Beilage eine Reihe „Kleiner historischer Monographien" führte. Die Nähe zur Kirche, aber auch zum heimatlichen Korneuburg, verriet das Impressum, in dem als verantwortlich Stadtpfarrer Dr. V. O. Ludwig angeführt war. Als ein solches Beiheft erschien 1931 Ernst Jirgals bahnbrechende, seither unzählige Male ausgeschriebene und bis zum Titel plagiierte Untersuchung „Die Wiederkehr des Weltkrieges in der Literatur". Im Nachwort dieses heute sehr gesuchten Buches dankt Jirgal Hovorka und Viktor Matejka, „...denn sie halfen mir durch Anregungen und Mitarbeit geistig und real. Sie halfen mir aus dem einen und sachlichen Grund – um dem Buch die Aktivität zu geben, die es wirken soll: den Frieden erringen".

Es ist klar, daß solch einer Zeitschrift 1938 sehr schnell der Garaus gemacht worden war. Wilhelm Matejka hatte für die gleiche Buchreihe eine große, als Habilitationsschrift gedachte Untersuchung über Nietzsche und den französischen Geist im Satz. Nach dem deutschen Einmarsch in Panik, hatte die Druckerei nicht nur den fertigen Satz eingeschmolzen, sondern auch das Manuskript vernichtet, ein Verlust, über den Wilhelm Matejka sein Leben lang nicht hinweggekommen ist, ja der zu einer Blockade führte und ein Wiederanknüpfen an diese essayistische Phase verhinderte.

Ich weiß heute nicht mehr, ob der kleine, wendige, aber nicht gesund wirkende Baron seine „Berichte" wiederzubeleben hoffte oder ob schon bei meiner ersten Präsentation an „Das Tagebuch" gedacht war, eine kulturpolitische Wochenschrift, die der Globus-Verlag herausgab. Sie gab sich unter Alexander Sacher-Masoch zunächst sehr offen für alle antifaschistischen Stimmen, verengte sich aber später unter der Chefredaktion des aus der mexikanischen Emigration heimgekehrten Bruno Frei auf die Linie der KPÖ. Immerhin legte mir, solange ich am „Tagebuch" meine Kolumne hatte, niemand einen Parteibeitritt nahe, auch wurden meine Aufsätze, Rezensionen und Glossen nie verändert oder gekürzt. Viktor Matejka verfolgte meine Arbeit im „Tagebuch" mit Interesse und Ratschlägen und sammelte seit 1946 auch alles, was ich als Redakteur der französischen Zweimonatsschrift „Wort und Tat" und danach jahrelang als Chefredakteur des wöchentlichen Pressedienstes „Geistiges Frankreich" schrieb. Vor allem in dieser Phase, in der ich viel Verantwortung trug und in dem in Freiburg in gleicher Position tätigen Alfred Döblin einen Konkurrenten mit großem Namen hatte, war mir die dauernde Ermutigung durch Viktor eine unentbehrliche Stütze. Ich war zwar inzwischen den Dreißig nahegerückt, aber bis zum fünfundzwanzigsten Lebensjahr hatte ich ja mit Internat, Universität und Krieg das Leben nur sehr einseitig und nicht in seiner ganzen bedrohlichen Fülle kennengelernt.

Nach meinem dritten Presseprozeß gegen Hans Weigel, der unermüdlich alle Institutionen angriff, die mich beschäftigten, schloß ich 1957 meinen ersten Buchvertrag mit einem deutschen Großverlag. Es war ein Gespräch im Hotel Kranz, bei dem sich mir die Welt öffnete nach Jahren, in denen ich wie ein heimatloser Parsifal durch die österreichische Kulturlandschaft geirrt war. „Sagen Sie mir, wieviel Sie monatlich brauchen; ich garantiere Ihnen die Summe, solange Sie für uns tätig sind", ein Satz, wie er im kleinen Österreich von niemandem gesprochen werden konnte. Hohe Lizenz-Auflagen meiner Romane in der DDR kamen hinzu, und bald konnte ich den Brotneid in der Wiener Miniatur-Arena vergessen.

Viktor schwieg ein paar Jahre. Vielleicht hatte er angenommen, ich sei in die DDR gegangen, wie Weigel es wider besseres Wissen behauptet hatte. Wilhelm Matejka war Conseiller Culturel an der österreichischen Botschaft in Paris, erhielt und las alles, was ich schrieb und wurde nicht nur von mir gerne besucht, sondern später auch von meinen Kindern. Irgendwann nach 1970 nahm Viktor Matejka die Korrespondenz mit mir wieder auf; es wurden nicht sehr viele Briefe, aber sie waren stets sehr lang und gingen auf meine Arbeiten ein, mitunter auch mit etwas unwirscher Sprachkritik, wenn ich – nicht in einem Buch, sondern in einem Brief – salopp formuliert hatte: Er sah sich also noch immer in der Rolle des Präzeptors, eines temperamentvollen, aufmerksam zuhörenden, nie sich selbst in den Vordergrund spielenden freundschaftlichen Helfers, und so ist er mir im Gedächtnis geblieben.

Kurt Smolar
Mittwochnachmittag-Universität

Die einzigartige Universität hatte ihren Sitz im 6. Wiener Gemeindebezirk, Theobaldgasse, im 2. Stock eines Jugendstil-Mietshauses. Der altersschwache Aufzug gab furchterregende Geräusche von sich, die Tür zum einzigen Hörsaal hatte die Nr. 20. Meine Studienzeit begann mit dem Erscheinen des Buches „Widerstand ist alles“ im Sommer 1984, als ich nach vorangegangener telefonischer Anfrage wegen einer Widmung in diesem Buch bei Viktor Matejka einen Kurztermin erhielt. Pünktlich um 13.30 Uhr erschien ich, erst nach mehr als vier Stunden verließ ich die Wohnung. Ich war damals noch ahnungslos, sollte doch diese Wohnung für mich mehr als acht Jahre ein a.o. Hörsaal werden.

Welch besonderer Nachmittagsplausch war aus diesem Kurzbesuch geworden. Viktor Matejka verstand es, sein Gegenüber zum ungezwungenen Reden zu bringen, Abzweigungen zum Herumstreifen in scheinbare Nebensächlichkeiten zu beschreiten, ohne den Faden des Themas zu verlieren, annähernden Gemeinsamkeiten auf die Spur zu kommen, wiederholt mit Anekdoten aus einem schier unerschöpflichen Reservoir gewürzt.

Die Mittwochnachmittag-Vorlesungen an der Uni Theobaldgasse begannen bald auszuufern. Da war eines der bis zur Zimmerdecke reichenden Bücherregale zu stützen, dort kündigte ein Winkeleisenbein eines Ablagetisches den Dienst auf oder ein dringliches Schreiben war rasch zu befördern. Nebenbei gab es noch Berge von Zeitungsausschnitten, vorerst nur nach Schlagworten gebündelt, die einer alphabetischen Ordnung harrten. Manche der Schlagworte waren für mich Neuland, zum Beispiel „Womit?“. Der Aufreißer „Mann erschießt Floh mit Kanone“ wäre ohne Zweifel unter „Womit?“ eingeordnet worden. Oder „Biku“ für alles, was die Bildende Kunst betrifft, wie auch „Hunger“, „Wetter“ und „Jugend“ waren unter anderem Stichwörter, welche die Grenzen des bescheidenen Alphabets sprengten.

Stundenlang habe ich mit schmerzendem Rücken daheim alle verfügbaren Ablageflächen mit Stößen von A–Z und Sonderbezeichnungen belegt, ich weiß nicht, ob diese Sisyphusarbeit Klausurwert erlangte, aber im Laufe der Zeit wurde daraus eine freiwillige Pflicht. Neue Zeitungen wurden täglich gedruckt, von der unermüdlichen Schere bearbeitet, und die Beschneidungen in großen Papiersäcken in Richtung Ordnung weggeschleppt.

Es gab Ernsthaftigkeit im Hörsaal Theobaldgasse. Sie wurde aber immer wieder von Ausflügen in das Tagesgeschehen oder manchmal auch durch Zweigesang (Professor und Hörer verfügten über einen sogenannten Schusterbaß) mit eigenen Texten zu bekannten Melodien unterbrochen. Eine Rückerinnerung an die Mittelschulzeit bescherte Viktor Matejka und mir scheinbar zufällig den Namen eines Professors. Dieser war durch die Tücke des Objektes an einer sogenannten ad hoc Übersetzung aus dem Lateinischen gescheitert. Zwei Jahrzehnte danach visitierte er meine Schule als Sektions-Rat des Unterrichtsministeriums. Ich konnte zur Person bei einem nächsten Besuch die Schulzeitung 1937 vorlegen, die vom Kontrollor berichtete. An diesem Nachmittag schauten wir einander lächelnd an, wir hatten das Gefühl, wieder Schüler zu sein, bereit zum Streit mit unregelmäßigen Verba oder neuen Ideen zur besseren Herstellung von Schwindelzetteln für die nächste Lateinschularbeit. Hatten wir das Rad der Zeit zurückgedreht?

In diesen Jahren als a.o. Hörer gab es immer wieder Ermunterungen und Lob, aber auch Zurechtweisungen: „Erzähl mir nicht schon wieder was, schreib das auf, das gehört zu Papier gebracht!“ Diese Ermahnung war kurz und hatte doch so viel Aussage und Anliegen, daß der Satz ohne Möglichkeit einer Erwiderung im Raume stehen blieb.

Die Mittwochnachmittage sind im Laufe der Jahre zum Ritual geworden. Ein Bestandteil war der Transport des Stummen Dieners für die Jause (von Lina Matejka vorbereitet) aus der Küche zwischen den Bücherregalen und durch das Vorzimmer bis zu unserem Hörsaal. Wir waren nicht allein zwischen den vielen Bildern rundum und an der Zimmerdecke. Oft ist der Tee in den Tassen kalt geworden. Ein nebenbei hingeworfener Satz ließ die Dämme brechen, hinter denen abrufbereit Erlebtes, Studiertes, Erinnerungen oder Assoziationen lauerten. Und manchmal meinte Viktor Matejka bestürzt: „Jetzt fällt mir dieser Namen nicht ein, seit dem Bypass ist ein Teil vom Hirn weg!" Aber im weiteren Gespräch fand der abgängige Name den Weg zurück zum schier unerschöpflichen Vorrat an Daten, Zusammenhängen und Hinweisen auf menschliche Lächerlichkeiten, Unvermögen der angeblich so Mächtigen oder die Infamie menschlicher Zerstörungswut.

Trotzdem oder wahrscheinlich eben deshalb habe ich nie ein Wort des Hasses gehört. Geschehenes war Tatsache, und die Handelnden waren oftmals willige oder blinde Werkzeuge. Dazu sagte mein Professor: „Da wird, und das besonders im Krieg, die menschliche Phantasie übertroffen, weit über das Denkbare hinaus ist alles möglich!" Wir waren uns einig, daß die Bezeichnung Schlachtfeld irreführt, richtig müßte das sogenannte Feld der Ehre „Schlachthaus" heißen. Oft erzählte ich von lächerlichen und scheinbar unwirklichen Erlebnissen im Krieg und der Kriegsgefangenschaft. Mein Professor war immer ein aufmerksamer und interessierter Zuhörer. Von seinen Jahren im Konzentrationslager sprach er selten und nur andeutungsweise, abgesehen von einigen tief erschütternden Ereignissen. Ich ließ es dabei nach dem Grundsatz „Der Erzähler hat das Wort" bewenden.

Viele Fotos sind in den Jahren an der Uni Theobaldgasse, in Wiener Krankenhäusern und bei offiziellen Anlässen entstanden. Ich betrachte ihn immer wieder, meinen Professor für die Fachrichtung „Alles und Jedes": grimassenschneidend, mit ernstem Gesichtsausdruck, kurzhaarig oder mit sprießendem Bart, mit Krücken hantierend, von Krankenschwestern oder Mitpatienten umgeben, sinnend am Fenster sitzend. Aber auch mit Neuerscheinungen des Buchmarktes in Händen, Titel und Autor deutlich lesbar oder als interessierter Leser. Ich lege diese Fotos beiseite und denke: Was hat er wohl im Sinn gehabt bei diesen Variationen? Viktor Matejka hatte immer Gedanken und Absichten, auch im Hörsaal Theobaldgasse.

Ob der Versuch zu schreiben, seinen wiederholten Aufforderungen ein wenig entgegenkommt? Ich weiß es nicht. Nach mehr als 16 Semestern ist der a.o. Hörer unschlüssig.

Jean Paul Sartre soll gesagt haben: „Der Mensch stirbt immer zu früh oder zu spät." Ersteres trifft bei Viktor Matejka ohne Zweifel zu. Ich vermisse ihn sehr.

Ludwig Soswinski
Solidarität im KZ

Wenn politische Häftlinge in den Konzentrationslagern eine Solidaritätshandlung setzen wollten, so mußten sie aus Gründen der Sicherheit für die Aktiven und für die Begünstigten größte Vorsicht walten lassen, weil das erbarmungslose Regime mit äußerster Rücksichtslosigkeit gegen beide Teile vorging. Draußen, in der sogenannten Freiheit, mußte man bei solchen Aktionen mit der Todesstrafe rechnen.

Der Tatbestand: Das Konzentrationslager Dachau wurde im Herbst 1939 für eine Zeit von den Häftlingen geräumt, da dort eine SS-Division für den gerade ausgebrochenen Krieg geschult werden sollte. Ein Teil der Häftlinge ging nach Buchenwald (kam auch nicht mehr zurück), ein Teil kam ins KZ Mauthausen und ein Teil ins KZ Flossenbürg. Ein kleiner Teil der Häftlinge blieb zur Betreuung der vom Reichsführer SS geschaffenen Plantage im KZ Dachau.

Im Frühjahr 1940 kamen die nach Flossenbürg evakuierten Häftlinge nach Dachau zurück. Ich selbst wurde wieder als Kapo des Kommandos „Zahlmeisterei" eingesetzt. In diesem Kommando waren fast nur Österreicher.

Jeder Häftling hatte im KZ Dachau auf Grund von Vorschriften der SS die Möglichkeit, 15 Reichsmark von seinem Konto (so er von zu Hause etwas Geld bekommen hatte) abzuheben. Durch unsere Abwesenheit (Verschickung nach Flossenbürg) konnte unser Kommando durch sechs Monate hindurch von dem eingetroffenen Geld nichts verbuchen.

Unser Kommandoführer, Oberscharführer Mursch, hatte bereits vor dem Eintreffen der Österreicher im KZ, also vor 1938, seitens der SS eine Strafe wegen Häftlingsbegünstigung bekommen. Dies erklärt unser Zutrauen zu ihm.

Unser Kamerad Viktor Matejka war nicht, wie viele von uns, vor seiner Verhaftung, also vor 1938, arbeitslos. Er hatte daher Geld auf seinem Konto und bekam auch regelmäßig Unterstützung von seiner Frau. Er gab uns die Erlaubnis, von seinem Konto einen namhaften Betrag auf die Konti anderer Kameraden, die kein Guthaben hatten, umzubuchen. Nach einem Gespräch mit ihm, also über seine Vermittlung, hat sich noch ein Kamerad, ein deutscher Häftling aus einer christlichen Gruppe, bereit erklärt, auch von seinem Konto Geld auf andere Kameraden zu überschreiben. Es handelte sich um mehrere hundert Reichsmark, die so von diesen zwei Konti abgebucht wurden. Die Begünstigten waren jeweils drei bis vier Dutzend langjährige Häftlinge. So konnte dann eine große Anzahl von Kameraden bei der nächsten Abhebung Geld anfordern. Das Ganze war eine tatkräftige Solidaritätshandlung. Damals bekam man nämlich in der Lagerkantine noch eine Reihe von Artikeln zu kaufen, zum Beispiel Tabak, Zigaretten und Lebensmittel.

Die ganze Aktion ist geplatzt, das heißt, sie kam zu Ohren der SS, aber nicht etwa durch Unvorsichtigkeit der Häftlinge, sondern der SS! Wieso? Ein anderer SS-Mann hatte Häftlingseigentum gestohlen. Das war im KZ Dachau in den Jahren 1938–39–40 nicht üblich. Oberscharführer Mursch hat, trotz nachdrücklicher Warnung meinerseits, den Diebstahl dieses SS-Mannes bei der Kommandantur angegeben. Der SS-Mann hat sich – selbstverständlich – revanchiert und von der Teilnahme des Oberscharführers an der Solidaritätsaktion Meldung erstattet. Die Folge: Unser ganzes Kommando kam in den Arrest (Bunker), der Oberscharführer in den SS-Bunker.

Ein Jahr später erfuhren wir, daß der dicke Akt der Politischen Abteilung im Lager unter dem Titel „Fortsetzung der Roten Hilfe im Lager“ lief. Die Spender und ein Teil des Kommandos „Zahlmeisterei“, zum Beispiel der nachmalige Bundeskanzler Gorbach, stammten aus dem christlichen Lager. Nach Schema „F“ der Nazis war Hilfe für die Inhaftierten immer als eine kommunistische Angelegenheit, eben Rote Hilfe, behandelt worden.

Alle Häftlinge des Kommandos ereilte eine Reihe von Strafen, darunter „25 über den Arsch“, was 52 Stockhiebe bedeutete, weil von zwei SS-Leuten geschlagen wurde, der Häftling mitzählen und 13 als Unglückszahl zweimal zählen mußte. Sicherlich hat sich die SS nicht leicht getan, da bei der Durchführung der „Tat“ auch ein SS-Mann beteiligt war. Er durfte übrigens nicht mehr ins Lager und blieb als Schreiber in der Politischen Abteilung außerhalb des elektrischen Zaunes.

Eine Strafe für die Spender konnte nicht ausgesprochen werden, da die SS nicht beweisen konnte, daß sie von der Umbuchung, das heißt von der Solidaritätshandlung etwas gewußt haben.

Obwohl wir vor der Okkupation Österreichs durch die deutschen Nazis verschiedenen politischen Gruppierungen angehörten, der eine, Viktor, einer Schattierung, die man damals in Österreich trug, und ich einer verbotenen Linksgruppierung, kamen wir beide mit dem ersten Österreicher-Transport vom 1. April 1938 in das KZ Dachau. Zum Erstaunen vieler langjähriger Häftlinge in Dachau haben die politischen Differenzen aus vergangenen Tagen bei den österreichischen Häftlingen keine Rolle mehr gespielt. Dieses „Wunder“ hat bis 1945 und darüber hinaus angehalten.

Ludwig Stecewicz
Das Denkmal schweigt

Über Kultur und Sport wird in den Medien streng getrennt berichtet. Und doch gibt es viele „Seitenblicke“ und „Seitensprünge“ von der einen zur anderen Seite.

Viktor Matejka war ein Mann, der sich für alle Bereiche der Kultur interessierte und auch einsetzte, aber immer auch die Bedeutung der großen Sportbewegung anerkannte. Als er nach den Februartagen 1934 Bildungsreferent der Arbeiterkammer Wien wurde, war er ein entschiedener Gegner, daß alle Organisationen von Kultur- und Sportverbänden der Arbeiter aufgelöst wurden. Am 13. Mai 1934 erschien in der Amtlichen Wiener Zeitung der von Matejka gezeichnete ausführliche Artikel „Bahn frei für die Kulturorganisationen der Arbeiter“. Insbesondere setzte er sich für den Weiterbestand des großen Verbandes der „Naturfreunde“ ein. Matejka und seine Freunde um Vizebürgermeister Ernst Karl Winter erkannten, daß die unzähligen kleinen Arbeitervereine in der wirtschaftlich schlechten Zeit die zweite Heimat waren. Für seinen Einsatz gab es keinen Beifall. Die Sieger ließen ihre Muskeln spielen. Aber auch die Emigranten der SPÖ in Brünn glaubten an das falsche Spiel eines „Rattenfängers“. Es geschah nichts. Nach der Ermordung von Bundeskanzler Dollfuß ging man gegen die Arbeiter wesentlich härter als gegen jene Organisationen vor, die den Mördern nahe standen. Für die Naturfreunde und die Arbeiterradfahrer wurden zwar unter anderen Namen Ersatzorganisationen, meist unter Heimwehrführung, geschaffen, doch erreichten diese kaum 10% des früheren Mitgliederstandes.

Matejka war ein Mann, der sich nicht so leicht von seiner Linie abbringen ließ. Er versuchte nun die kleinen Schritte, setzte sich für die Wiedereröffnung des Arbeiter Strandbades an der Alten Donau ein. Dort veranstaltete er Lesungen mit Arbeiterschriftstellern. Es war nur ein Minierfolg. Moral und Sitte waren überall zu spüren, und die heutigen freizügigen Boulevardblätter wären täglich konfisziert worden.

Und da geschah der erste Streich! Nach dem Ende des Ersten Weltkrieges wurde das amputierte Österreich so wie Deutschland mit dem sportlichen Boykott belegt. Die Sieger wollten auch auf diesem Gebiet demütigen. Aus Freude, daß dies nicht gelang und Österreichs Sport trotz Not und Inflation einen gewaltigen Aufstieg nahm, ließen die Sportverbände die Bronzestatue eines schönen Jünglings nach antikem Vorbild gießen und vor tausenden Sportlern im Mai 1923 von Bundespräsident Michael Hainisch enthüllen. Das Denkmal stand vor dem Theseustempel. Es war ein Dokument, daß Österreichs Sport lebte. Im Volksgarten rund um den Theseustempel spielten nicht Arbeiterkinder, sondern die Jugend aus den „besseren Häusern", die man vor allen schädlichen Einflüssen schützen zu müssen glaubte. Einer der vielen Hüter der Moral sah den nackten Jüngling und die spielenden Kinder und sein Entschluß stand fest: Hier muß etwas geschehen. Der nach antikem Vorbild geschaffene schöne Jüngling bekam ein Feigenblatt.

Als nach 1945 Matejka durch den Volksgarten Richtung Rathaus ging (Dienstwagen für Stadträte gab es damals noch nicht), sah er diesen verschandelten Jüngling. Sein Entschluß stand fest: das Blatt muß weg. 1934 war eine Diktatur, da konnte ein Mann an den Schalthebeln der Macht mit einem Befehl den Bronzejüngling bekleiden. 1945 gab es endlich die langersehnte Demokratie. Um eine noch so kleine Veränderung an einem Denkmal an einem öffentlichen Ort vorzunehmen, bedarf es einiger behördlicher Veranlassungen. Zuerst den schriftlichen Antrag an die Behörden, die Zustimmung und die öffentliche Ausschreibung des Auftrages für die Entfernung des Blattes. Matejkas Mitarbeiter und Freunde fragten: „Hast du keine anderen Sorgen?" Tatsächlich hatte er viele Sorgen, um das Kulturwerkel in Schwung zu bringen.

So steht der Jüngling, der schon einige Jahre im Besitz der Republik Österreich ist, noch immer mit Feigenblatt verschmutzt, die Inschrift verblaßt, verloren vor dem Theseustempel. Obwohl ich einige Minister, die für Sport zuständig waren bzw. noch sind, auf das Denkmal aufmerksam machte, geschah bisher nichts. Für die Behörde ist es ein Vorteil: Das Denkmal schweigt.

Gerald Trimmel
Regie: Viktor Matejka

Als die Realisierung meines audiovisuellen Konzepts für das Leopold Figl-Museum im Frühjahr 1992 in die Endphase gelangte, wollte ich Viktor Matejka ersuchen, „vom alten Freund Figl Poldi“[1] zu erzählen; aus der Perspektive dieses über die politischen Lagergrenzen hinweg anerkannten Individualisten und großartigen Geschichte(n)-Erzählers würde ich wohl mehr als die oftmals stereotypen Äußerungen routinierter Zeitzeugen aus den Reihen der Polit-Prominenz vergangener Tage erwarten können. Viktor Matejka war jedoch nicht erreichbar. Ein längerer Auslandsaufenthalt – vermutete ich damals. Nach Beendigung meiner Arbeiten für das Figl-Museum im Mai 1992 trat ich den Zivildienst als Pfleger in der Krankenanstalt Rudolfstiftung an. Meine Überraschung war nicht gerade gering, als ich Matejka eines Tages unvermutet als Patienten dieses Spitals kennenlernte.

Im Verlauf unserer zahlreichen Gespräche wurde wiederholt das Medium Film und dessen Bedeutung für Pädagogik und Wissenschaft thematisiert. Matejka betrachtete Presse, Rundfunk und Film schon in den 30er Jahren als erdumspannende Volksbildungsmittel. Vor allem der Film erschien ihm als billiges Lesebuch der breitesten Massen, das nicht als lebensfremde oder gar lebensfeindliche „Traumfabrik“ eingesetzt werden dürfe, sondern mit einer aufklärerischen und einer sinnlichen Komponente zugleich der Bildung eines humanen und demokratischen Bewußtseins dienen müsse. Die positiven Publikumsreaktionen anläßlich einer öffentlichen Vorführung des sowjetischen Films „Der Weg ins Leben“[2], die Matejka Mitte der 30er Jahre organisiert hatte, bestätigten die Richtigkeit seiner medienpädagogischen Linie. Im Rahmen dieser Veranstaltung sprach auch der eigens nach Wien eingeladene sowjetische Volkskommissar für Kultur Anatoli Lunatscharski. Die anschließende Diskussion mit dem Publikum bezeichnete Matejka als eines der schönsten Ereignisse seines Lebens. 1936 gründete Viktor Matejka die „Gesellschaft der Filmfreunde Österreichs", um diesen neuen medienpädagogischen Weg konsequent verfolgen zu können. Doch der „Anschluß" Österreichs an Nazideutschland bedeutete zunächst auch das Ende dieser Bemühungen. Am 30. Dezember 1945 erfolgte die Neugründung der „Gesellschaft der Filmfreunde Österreichs" anläßlich der Festmatinee „50 Jahre Film" im Wiener Apollo-Kino. Unter ihrem Obmann Viktor Matejka waren die Ziele der Gesellschaft die gleichen geblieben wie vor 1938: historisch oder künstlerisch wertvolle Filme sollten einem möglichst breiten Publikum nicht nur zugänglich, sondern vielmehr verständlich gemacht werden. Matejka initiierte die Vortragsreihe „Wir lernen Film sehen" und lud wichtige Filmtheoretiker und Filmkünstler ein – etwa Bela Balazs und G. W. Pabst, die in Form von Vorträgen, Diskussionen und Führungen durch Filmateliers Interessenten mit den Gesetzmäßigkeiten filmischer Wahrnehmung und dem Produktionsablauf von Filmen vertraut machten. Der Aufbau einer Bibliothek mit Leseräumen und die Herausgabe einer Bücherreihe sollten das Filmverständnis vertiefen. Matejkas Bemühungen, künstlerisch wertvolle Filme aus dem In- und Ausland, die von den damaligen Verleihern und Kinobetreibern aus kommerziellen oder (und) politischen Gründen ignoriert wurden, nahmen bereits die Programmkinobewegung der 80er Jahre vorweg.

Doch kehren wir nochmals zum Film „Der Weg ins Leben"[3] zurück, der Matejka so sehr beeindruckt hat, ja ich möchte behaupten, dessen Hauptfigur, der idealistische Erzieher Sergejew, in gewisser Weise ein Spiegelbild Matejkas darstellt: Dieser bedeutende sowjetische Tonfilm, dessen Uraufführung am 1. Juni 1931 in Moskau stattfand, schildert die Erfolge und Rückschläge des Erziehers Sergejew, der sich um die Resozialisierung obdachloser krimineller Kinder und Jugendlicher mit einer damals völlig neuen Methode bemüht: in einem ehemaligen Kloster wird eine Fabrik eingerichtet, in der die Jugendlichen zunächst eine Ausbildung als Schlosser, Dreher und Tischler erhalten; danach sollen sie diese Fabrik in Selbstverwaltung weiterführen. Das Projekt verläuft zunächst sehr erfolgreich. Da jedoch infolge einer Hochwasserkatastrophe die Materiallieferungen ausbleiben, muß die Produktion eingestellt werden und die Jugendlichen sind wieder ohne Beschäftigung. Die Frustration der Arbeitslosen führt schließlich zur Demolierung der mühevoll eingerichteten Werkstätten. Bald nach Sergejews Rückkehr aus der Stadt wird mit dem Bau einer Eisenbahnlinie von der Bahnstation zur Fabrik begonnen. Den arbeitslosen und kriminellen Elementen einer nahegelegenen Waldschenke gelingt es nicht, die mit neuem Enthusiasmus an der Bahnstrecke arbeitenden Jugendlichen zu demoralisieren: der junge Arbeiter Mustafa und seine Freunde heben die Schenke schließlich aus; der Bandenchef Shigan ergreift die Flucht. In der Nacht vor der feierlichen Einweihung unternimmt Mustafa eine Kontrollfahrt mit einer Draisine. Sein Fahrzeug entgleist, da Shigan einen Schienenstrang beschädigt hat. Mit einem Messer bewaffnet, stürzt sich Shigan auf Mustafa, der durch den Unfall noch leicht benommenen ist. Im Verlauf des nun folgenden Kampfes kommt Mustafa ums Leben. Erst am folgenden Morgen wird er am Bahndamm tot aufgefunden. Dann fährt die erste Lokomotive auf der neuen Strecke mit dem Toten auf dem Fabriksgelände ein.

Während der Film bei der Darstellung des Banditenmilieus melodramatische Stilmittel bevorzugt, um eine alptraumhafte Aura zu erzeugen, besitzt die Inszenierung des gesellschaftlichen (Re)integrationsprozesses bisweilen den Anstrich einer akribischen Dokumentation. Eine besondere Qualität dieses Films bestehen darin, daß hier keine überlegenen Symbolhelden mit pathetischem Gestus auftreten, sondern überaus realistisch gestaltete Menschenschicksale ohne intellektuellen Ballast geschildert werden. Die Geschichte des Erziehers Sergejew ist die Geschichte eines realistischen Utopisten, der trotz partiellem Scheitern nicht an seinen Idealen zweifelt und mit großer Zuversicht zumindest an einen langfristigen Erfolg glaubt. Alle seine Bemühungen und Handlungen basieren auf der zweifellos richtigen Erkenntnis, daß soziale (Re)integrationsprozesse nur dann erfolgen können, wenn es gelingt, die Menschen durch die Vermittlung lebenswerter Zukunftsperspektiven gleichsam zu aktivieren, diesen Prozeß schrittweise selbständig zu vollziehen.

Wie Sergejew im Film war auch die reale Person Viktor Matejka kein Freund pompöser Auftritte. Seine gesellschaftlichen und politischen Aktivitäten verstand er als „Bekenntnis zum Alltag", wie er es selbst formulierte. Die vorrangige Methode bei der Konkretisierung dieses „Bekenntnisses" bestand im unermüdlichen Einsatz für unzählige individuelle politische und künstlerische Ideen und Projekte; dabei hatte die persönliche Konfrontation mit denjenigen, die sie zu verwirklichen trachteten, absolute Priorität. Viktor Matejka hat sich mit dem humanitären Weltbild des unprätentiösen Filmhelden Sergejew stets tatkräftig solidarisiert: als „(Co)regisseur" bei vielen mehr oder weniger bekannten Episoden und Sequenzen der österreichischen Politik bis in die frühen 50er Jahre und danach eher als genialer „Schauspieler" in unzähligen – jedoch immer rühmlichen – Haupt- und Nebenrollen einer tragikomischen politischen Stegreifspiel-Serie. Der Historiker Gerhard Jagschitz hat ihn einmal mit einer Figur Nestroys verglichen, die polternd und unbequem, durch die österreichische Geschichte geht, ständig einer Utopie nachjagend: „Er erweist sich damit – fast könnte man sagen – als politischer Träumer, der an das Gute auch in der Politik glaubte und der die Macht nicht suchte, ihr vielmehr verständnislos gegenüberstand." [4]

Das hundertprozentige Chaos, das der Faschismus hinterlassen hatte, Prozent für Prozent abzuarbeiten und die „erstmalige Katastrophe" in eine „einmalige" zu verwandeln, bildeten die Hauptmotive für Matejkas Aktivitäten nach 1945. Im Rahmen der Entnazifizierung ging es ihm, der schon in den 30er Jahren vergeblich vor dem Faschismus und dessen Folgen gewarnt hatte, nicht um die harte Bestrafung des „Heeres der Jasager", sondern um deren gesellschaftliche Wiedereingliederung; nur so könne langfristig die Gefahr neuerlicher faschistischer Strömungen effizient unterbunden werden. So setzte er sich etwa vehement für die berufliche Wiederzulassung Paula Wesselys ein, die wegen ihrer Mitwirkung im NS-Spielfilm „Heimkehr" [5] 1945 einige Monate lang mit Berufsverbot belegt worden war. Seine Motivation für diesen Schritt – die „Heimkehr" müßte zur „Umkehr" werden – hat er mir gegenüber in ähnlicher Weise begründet wie schon im Jänner 1946 im „Österreichischen Tagebuch"; die folgende Aussage spiegelt nochmals exemplarisch Matejkas „Weg ins Leben" wider:

„Es wäre falsch, über die Künstler den Stab zu brechen, weil sie solche Filme wie ‚Heimkehr' mitmachten. Deshalb wäre es falsch, weil es dem Grundproblem aus dem Wege geht und Ursachen für Wirkungen nimmt. Sicher wurde auch von Künstlern bewußter Verrat geübt, sicher wurde um des Erfolges und der Karriere, um des Ruhmes und der Bequemlichkeit willen die Kunst verkauft und verraten. Aber wo verraten wird, muß einer sein, der den Verrat annimmt, und wo verkauft wird, muß ein Käufer sein. Es kann nur einen Schluß geben, den unermüdlichen, unerbittlichen Kampf für eine Gesellschaft, die weder den Verrat noch den Kauf braucht, weil sie, im Menschlichen wurzelnd, die Menschlichkeit zum Gesetz erhoben hat." [6]

[1] Das Zitat stammt als Überschrift eines Kapitels aus Viktor Matejkas „Buch Nr. 2. Anregung ist alles." Wien 1991. S. 121.

[2] „Putjowka w shisn" (Der Weg ins Leben) UdSSR 1931; Regie: Nikolai Ekk, Drehbuch: Nikolai Ekk, Regina Januschkewitsch, Alexan-

der Stolper, Kamera: Wassili Pronin, Musik: Jakob Stolljar, Darsteller: Iwan Kyrla, Nikolai Batalow, Michail Sharow, Regina Januschkewitsch, Michail Dshagoffarow u. a. Das Österreichische Filmarchiv besitzt eine Kopie dieses Films (ÖFA 5.822/4).

3 Eine knappe Überblicksdarstellung in: Jerzy Toeplitz: Geschichte des Films. 1895–1933. (Bd. 1) München 1983. S. 780–783 und S. 808f.

4 Gerhard Jagschitz in der ORF-Sendung „Zeugen unserer Zeit" am 30. 9. 1974.

5 Der am 31. 8. 1941 in Venedig uraufgeführte, mit namhaften Darstellern wie Paula Wessely und Attila Hörbiger besetzte Film, der den Genozid an Polen und Juden zum politischen Bekenntnis erhebt, stellte nach Goebbels Meinung einen Beweis dar, daß Deutschland die Vorherrschaft in Europa verdiene. Vgl. dazu auch meine Diplomarbeit „Heimkehr. Strategien eines nationalsozialistischen Films. Bd. 1 u. 2. Wien 1992.

6 Viktor Matejka: Kunst und Gegenwart. In: Österreichisches Tagebuch. Nr. 2/1946. S. 3.

Willy Verkauf-Verlon
Mit Stacheln im Herzen

Brief an Viktor Matejka

17. April 1993

Lieber Viktor!

Dieser Brief kann Dir leider nicht mehr zugestellt werden. Ich habe aber trotzdem das Bedürfnis, ihn Dir zu schreiben. Vor mir liegt einer Deiner letzten Briefe an mich, einer von vielen aus unserem jahrzehntelangen Briefwechsel. Du schreibst unter anderem: „Ich freue mich immer wieder, daß ich einem solchen Zeitgenossen bald nach der Befreiung Österreichs begegnen konnte..."

Meine Freude, Dich kennengelernt zu haben, lieber Vikerl, und fast fünfzig Jahre Dein Freund und Weggenosse gewesen zu sein, erfüllt mich mit Stolz.

Als ich Dir nach meiner Rückkehr über meine Tätigkeit im Exil berichtete, hatte ich das Gefühl, daß wir uns schon jahrzehntelang gut kennen und auf verschiedenen Pfaden in die gleiche Richtung gehen. Du warst der einzige, der für meine verlegerischen Absichten nach 1945 Verständnis zeigte und mir über den Rahmen der damaligen Möglichkeiten hinaus zur Seite stand. Im folgenden halben Jahrhundert warst Du für mich ein sicherer Wegweiser, der immer Mut spendete, damit ich Augen und Ohren offen halte und zum Widerstand, den Du meintest, mit Bild und Wort beitragen konnte. Das Wissen um einander half mir, manche Durststrecke zu überstehen und die Zivilcourage, die in unserem Lande eine Seltenheit ist, zu wahren.

Ich habe auch nie vergessen, daß Du 1963 eigens nach Rom gekommen bist, um meine Ausstellung zu sehen, über die Du dann im „Tagebuch" einen großen, verständnisvollen Artikel veröffentlicht hast, der, weil er von Dir war, mich sehr ermutigt hat, den eingeschlagenen Weg konsequent weiterzugehen. In dieser gemeinsam erlebten Woche in Rom führten wir bis spät in die Nacht Gespräche, die uns einander noch näherbrachten. Dieser Gedankenaustausch war für unser beider Anliegen für die kommenden Jahrzehnte mitbestimmend.

Als Du 1991, zu Deinem 90. Geburtstag, von Deiner üblichen Ablehnung für solche Ehrungen eine Ausnahme machtest und die einzige Ehrenmitgliedschaft, die die Theodor Kramer Gesellschaft bisher verliehen hat, angenommen hast, empfand ich dies als große Auszeichnung von Dir.

Lieber Viktor, für mich bleibst Du, solange ich lebe, gegenwärtig. Bitte, mache mir die Freude und erlaube mir, Dir folgendes Gedicht zu widmen:

Mit Stacheln im Herzen

für Viktor Matejka

Abmessend die durchschrittene Spur
zum selbstgewählten Ziel,
gedenkend der sich auferlegten Pflicht,
der Stolpersteine und Fehltritte,
der Hoffnungen und Enttäuschungen,
getröstet durch die Liebe zueinander,
überblickend die Landschaft unseres Lebens,
bewußt, daß nicht das Ziel,
sondern auch unser Verhalten
auf dem Weg dahin zählt.
Mit Stacheln im Herzen,
aber nicht aufgebend,
bleiben wir auf unserer Spur.

Dein Willy
(Verkauf-Verlon)

Alois Vogel

Der Sokrates vom Theobaldgrund

„Ich will halt immer was wissen: da ja nichts stimmt. Information bleibt ein ständiges Revidieren." Dieser Satz aus Viktor Matejkas letztem Brief an mich, scheint mir für ihn sehr wesentlich, zeugt er doch von seiner geistigen Beweglichkeit bis zuletzt und zugleich von seiner Bereitschaft zu undogmatischem Denken und Handeln.

Wir kannten einander seit Jahren als Berichterstatter der Aktivitäten der bildenden Künstler. Wie sehr Viktor aber meine eigene literarische Entwicklung verfolgte, konnte ich bei einer Lesung in der Österreichischen Gesellschaft für Literatur feststellen, bei der ich 1964 meinen Roman „Jahr und Tag Pohanka" vorstellte und wo er nachher sehr aktiv in die Diskussion einstieg. „Anregung ist alles!" – Vielleicht war auch dieses Gespräch mit eine Anregung, daß ich als nächste große Arbeit den 34er Roman „Schlagschatten" schrieb.

Eines will mir aber besonders hervorzuheben wert erscheinen: Dieser immer realistisch denkende Mensch war ein großer Freund und Leser (Hörer) von Lyrik! Mit großer Genugtuung nahm er das Erscheinen der Reihe „Lyrik aus Österreich" wahr und erbat jedes Jahr eine große Anzahl Prospekte der Neuerscheinungen zur Weitergabe. Aufmerksam bis zuletzt, wie sein letzter Brief an mich zeigt, beobachtete er die Entwicklung auf diesem Gebiet. Doch es mehrten sich dabei seine kritischen Anmerkungen. So schreibt er mir schon am 31. August 1991: „Was Lyrik betrifft, so besteht freilich meines Erachtens die Gefahr, daß sie immer mehr in totaler Unverständlichkeit den Leser zudeckt. Das hat schon beim späteren Celan begonnen, und beim regelmäßigen Abhören von ‚Jazz und Lyrik' bin ich nach dem Gedicht so klug als wie zuvor..." – „Zudeckt", das scheint mir hier in diesen Zeilen das besonders wichtige Wort zu sein. Viktor war nicht einseitig auf eine Ausdrucksweise fixiert. Er ließ jene eines Karl Prantl, eines Rudolf Kedl neben der eines Alfred Hrdlicka oder Oskar Bottoli durchaus gelten. Das galt ebenso in der Literatur und der Musik. (Wohl auch in der Politik, wobei er immer auch seine Reserven einbrachte.) Doch er wollte sich nie zudecken lassen, er wollte immer und alles hinterfragen, immer versuchen, zum Kern der Dinge vorzustoßen. Alles „schlußendlich" – schauderhaftes Wort! – war ihm zuwider. Er forderte immer wieder Interpretationen (Brief vom 17. 11. 1991), er konnte es sich nicht besser vorstellen, als, trotz seiner Ruinösität („trotz meiner Ruine"), täglich „Leute jeden Alters" als Besucher zu empfangen, um mit ihnen zu streiten, sie zu fragen und mit ihnen zu diskutieren (Brief vom 14. 11. 1992).

Wer war also Viktor Matejka?

Jeder wird ihn anders erfahren haben. Ich habe ihn als den Sokrates von der Leimgrubn, vom Theobaldgrund erfahren.

Max Weiler
Wandbilder auf Kunstkarten

Viktor Matejka besuchte jedes Jahr seine Freunde in Innsbruck. Seit ich im Hauptbahnhof in Innsbruck Wandbilder gemalt hatte, die großen Unmut in der Bevölkerung hervorriefen, ihm aber gefielen, gehörte ich auch zu ihnen, und nach seiner Art versuchte er, irgendwie zum Verständnis mitzuhelfen und wollte dies mit Kunstkarten tun.

Jedesmal, wenn er in Innsbruck war und mich besuchte, kam er auf diese Kunstkarten zu sprechen und war jedes Jahr aufs neue enttäuscht und ungehalten, weil sich gar nichts getan hatte und er keine Kunstkarten von den Bildern kaufen konnte.

Erst jetzt nach seinem Tode ist es gelungen, Kunstkarten herzustellen zum Verkaufe. Mit vieler Mühe von einer sehr tüchtigen Frau und, wie ich sagen muß, gut gelungen. Er hätte gewiß seine Freude daran, denn diejenigen, an die er gedacht hatte, können sie jetzt kaufen.

Christian Werner
Ein Blick für die wirklichen Gefahren

Aus einem Gespräch mit Viktor Matejka, 14. XII. 1988

Viktor Matejka, über Sie wurde bereits eine Menge geschrieben und gesprochen. Doch welche Dinge wurden bis jetzt noch nicht gesagt, was wurde bislang verschwiegen?

Meinem Wissen nach habe ich nichts Wesentliches verschwiegen. Ich war mir schon ziemlich frühzeitig, nämlich als Gymnasiast, bewußt, daß ich im 20. Jahrhundert lebe, denn zur selben Zeit hat der Erste Weltkrieg stattgefunden. Durch diesen Krieg wurde ich ein sehr friedensliebender Mensch, ein Pazifist, also ein absoluter Kriegsgegner. Entgegen der allgemeinen Ansicht war es dann für mich auch in den 20er Jahren klar, daß wir vor einem zweiten Weltkrieg stehen, denn ich habe rechtzeitig ein Buch gelesen, das für die große Entwicklung in diesem Jahrhundert maßgebend war: Hitlers „Mein Kampf", erschienen im Jahre 1925. Ich habe es mir gleich gekauft und studiert und daraus entnommen, was Hitler und der Nationalsozialismus wollen. Es stand alles drinnen, vom Ausrotten minderwertiger Rassen bis zur Vorbereitung auf den Krieg, alles, die gesamte Programmatik und Praxis, die wir mit den Nationalsozialisten und sonstigen Faschisten erleben konnten.

Sie haben darauf schon sehr frühzeitig reagiert, indem Sie 1932 ein Buch mit dem Titel „Zwischenspiel Hitler" geschrieben haben.

Natürlich war das ein ganz ungewöhnlicher Titel für die damalige Zeit. Denn die Leute haben gesagt: „Zwischenspiel? Das hat ja noch gar nicht einmal angefangen." Ich habe immer geantwortet: „Bitte, etwas Geduld, liebe Zeitgenossen, es wird demnächst anfangen." Es war so wie beim Telefonieren: „Bitte warten" – solange, bis der Anschluß kommt.

Ich habe also auf die Gefahr hingewiesen, auf die größte Gefahr, die überhaupt existiert, die viel schlimmer als ein Erdbeben werden wird. Denn ein Erdbeben, das ist eine Tagesangelegenheit, aber vom Faschismus, da wird die ganze Welt längere Zeit betroffen sein.

Schon 1932, genauso wie sechs Jahre später im KZ Dachau, haben Sie aber dennoch auf die absehbar kurze Dauer des Dritten Reiches hingewiesen.

Selbstverständlich habe ich gehofft, daß sich die Weltmächte zusammenschließen und Hitler abwürgen werden. Oder daß man in Österreich die Sache zum Stillstand bringt, indem sich die Österreicher zusammenschließen zu einer Art Volksfront. Aber die rechte Seite wollte mit den Sozialdemokraten nichts zu tun haben, und die Sozialdemokraten nichts mit den Kommunisten. Und die Linken waren spätestens seit 1934 ohnedies radikal und für alle Zukunft verboten, so wie sich das die Leute des christlichen Ständestaates, Dollfuß, Schuschnigg und Starhemberg, vorgestellt hatten – der kleine Moritz, wenn Sie so wollen. Aber der kleine Moritz regiert ja doch nicht die Weltgeschichte.

Und die Regierung, die da im Jahr 1934 die Macht auf sogenannter christlich-ständischer Basis übernahm, wußte von den Anschlußplänen, war aber davon überzeugt, daß sie gegen den Hitler Widerstand leisten kann. Dollfuß hätte sich das auch nicht gedacht, daß ihn die Nationalsozialisten ermorden werden. Und selbst sein Nachfolger hat noch geglaubt, Hitler nicht einen Quadratzentimeter Boden überlassen zu müssen. Eine Illusion, denn Hitler war doch ungleich stärker und schon der Aufgerüstete. Und außerdem stand es um die internationalen Sympathien für Österreich nicht sehr gut. Denn die westlichen Demokratien haben Österreich als diktatorisches Land eingestuft, für das es sich nicht lohnen würde, Sympathieerklärungen oder militärische Hilfe zu leisten.

Niemand wollte also die drohende Gefahr erkennen. Warum war das wohl so? Für jeden, der den frühen Faschis-

mus in Italien, den Niedergang der Weimarer Republik – an deren Aufbau die Juden entscheidend mitgewirkt hatten – und etwa die Nürnberger Gesetze von 1935 beobachtet hatte, mußte es doch klar sein, in welche Richtung die Entwicklung geht. Da drängt sich doch irgendwie die Frage auf: Wieso haben sich so wenig Leute und wieso haben sich ganz besonders die Juden nicht mit der drohenden Gefahr des Nationalsozialismus auseinandergesetzt?

Mit dem Ende der Monarchie ist so etwas wie ein österreichisches Nationalbewußtsein noch gar nicht entstanden. Außerdem fehlte der Glaube an die wirtschaftliche Existenzfähigkeit, mit einem Wort: die nötige Moral war nicht da. Und Dollfuß konnte mit seinen Phrasen – „Österreich, Österreich, wenn es nur will" – sowie mit Unterdrücken und dem Verbot aller politischen Parteien diese fehlende Stärke natürlich nicht künstlich erzeugen und vor allem keine Einheit bewirken.

Hitler dagegen konnte Einigkeit schaffen, indem er aus dem Gegner „Klasse" den Gegner „Rasse" machte. Das Hauptangriffsziel wurden die Juden. Aber gerade diese Juden haben sich in den 20er und 30er Jahren offensichtlich nicht auseinandergesetzt mit dem, was da auf sie zukommt. Es hat bis 1935 gedauert, als die Nürnberger Gesetze beschlossen wurden. Spätestens dann mußte es völlig klar gewesen sein, daß Juden die Lebensberechtigung entzogen wurde. Aber trotzdem hat es dann noch immer Leute gegeben, die das völlig verdrängt haben.

Ab 1935 nimmt sicher die Zahl jener Juden zu, die damit rechneten, daß Hitler vor der Tür steht. Aber bitte, warum verlangen Sie gerade von den Juden die größte Intelligenz, die größte Einsicht und das Vermögen, die Situation absolut zu beurteilen. Ich habe vielen jüdischen Freunden gesagt: „Es wird gut sein, daß Sie Hitlers Buch lesen." Die meisten Freunde haben das allerdings als Provokation aufgefaßt. Nein, auch ich habe nicht gewußt, daß es Auschwitz geben wird. Aber ich habe angenommen, daß Hitler die Juden ausrotten wird. Wie er das machen wird, das ist ja nicht die Aufgabe meiner Intelligenz. Man kann ja Menschen auf tausende Arten ausrotten, das haben ja Weltgeschichte und Antisemitismus bis dahin schon gezeigt. Und wenn heute jemand sagt, Auschwitz konnte sich damals kein Mensch vorstellen, dann sieht man darin, wie dumm die Leute sind. Das ist doch ein saublöder Satz. Es kommt doch nicht auf Auschwitz an, sondern darauf, daß die Nationalsozialisten Juden und andere Gruppen ausrotten wollten.

Diese offensichtliche Nicht-Auseinandersetzung, diese Nicht-Konfrontation mit dem, was sich da entwickelt, was sich abzeichnet, entspricht einem klassischen Abwehrmechanismus im psychologischen Sinn, einer Verdrängung.

Also, die Juden waren ja keine geschlossene Einheit, sondern verschiedene Gruppen, die nur durch die Religion in gewissem Sinn geeinigt waren. Und die Religion ist dasjenige, was eine Gegenreligion erzeugt hat. Das Christentum ist ja aus dem Judentum hervorgegangen, und das Christentum bzw. die katholische Kirche hat sich die Lösung der Judenfrage von Anfang an so gedacht, daß die Christen die Juden taufen werden. Weil die Kirche auf ihrer Missionsabsicht, die Juden zu bekehren, beharrte, sich aber die Mehrzahl der Juden nicht taufen ließ, entwickelte sich in diesem Christentum eine Art Antisemitismus. Der große Vorreiter des modernen Antisemitismus ist daher die katholische Kirche, mit ihren Praktiken durch zweitausend Jahre hindurch.

Ein Jude, nämlich Sigmund Freund, hat gezeigt, wie die Menschen leider geneigt sind, Unangenehmes zu verdrängen. Seine Lehre wurde von den konservativen Mächten stark bekämpft, von der Kirche und vom Staat. Für den Ständestaat hatte die Psychoanalyse natürlich keine Bedeutung. Freud war Jude, und das genügte ja alleine schon, daß seine Wissenschaft von der katholischen Kirche nicht akzeptiert wurde.

Gehen wir in den Ständestaat. Sie haben ja zwischen 34 und 38 in der Arbeiterkammer gearbeitet und eine Art

„Flüchtlingsbüro" geleitet. Wie haben Sie von der Arbeiterkammer aus geholfen?

Flüchtlingsbüro ist übertrieben. Bei mir war es möglich, Stipendien auszugeben. Es gab zum Beispiel Linke, die im Spanischen Bürgerkrieg mitkämpfen wollten, aber kein Fahrgeld hatten. So suchten wir solange, bis irgendjemand einen Sohn oder eine Tochter hatte, die studieren wollten. Und mit diesem Geld sind die Leute dann nach Spanien gefahren und haben für die Demokratie gekämpft. Es gab auch gefälschte Arbeitsbestätigungen, und wir haben einfach die Gesetze so gedreht, daß wir das Beste für die Menschen herausholen konnten. Das lief alles unter dem Motto „Wie macht man etwas für die Demokratie in einem autoritären Staat". Das war in gewissem Sinne Sabotage, wenn Sie so wollen. – Aber die einzige Form, in der man eben eine Diktatur oder ein autoritäres System bekämpft.

Nachdem Sie aus dem Konzentrationslager Dachau zurückgekommen sind, haben Sie viele der ehemaligen Nationalsozialisten wieder getroffen: Leute, die zu Ihrer Verhaftung beigetragen haben genauso wie ihre Peiniger aus dem KZ, den Blockältesten und den Revierältesten aus Dachau, den Kapp und den Zimmermann, den Dr. Gansterer und den Herrn Lengauer. Welche Gefühle hatten Sie bei der Wiederbegegnung mit diesen Leuten?

Der Lengauer ist bereits gestorben, er war ein steirischer Erzbergarbeiter bei der Alpine-Montan, und der Dr. Gansterer war einer von zahllosen anderen. – Leute, die bestimmt nicht sehr anständig waren, darüber besteht kein Zweifel. Aber warum soll ich solche Menschen bestrafen? Das sind Menschen, die geirrt haben, die aber keine Bedeutung gehabt haben. Bedeutend dagegen war Karl Renner, der spätere erste Bundeskanzler der Zweiten Republik, der die Volksabstimmung für Hitler mit Begeisterung begrüßte und damit das denkbar schlechteste Beispiel für seine sozialdemokratischen Genossen abgegeben hat, oder Kardinal Innitzer, der als katholischer Priester dieses System mit „Heil Hitler" begrüßte. Das waren für mich Menschen, die gegen die Grundgesetze der Menschlichkeit verstoßen haben, nicht aber irgendwelche kleinen Leute.

Sie wollen damit sagen, daß Sie den „kleinen Leuten", die Sie auch persönlich gequält und gepeinigt haben, keine Haßgefühle entgegenbringen?

Nein, sicher nicht, ich kenne da überhaupt keinen Haß. Ich war ja lange genug in meinem Leben ein Christ. Darunter habe ich verstanden, daß ein hassender Christ gar kein Christ sein kann, das wäre ein Nonsens. Der Christ hat zu lieben, die Nächsten und sogar den Feind. Das habe nicht ich erfunden. Aber bitte, aus dem, was die Christen machen, kann man ersehen, daß die meisten Christen gar keine Christen sind, höchstens Papierchristen.

Und gegen den Kardinal Innitzer, gegen den Dr. Renner? Haben Sie da Haßgefühle?

Aber gar keine Spur, gar keine Spur. Nur politisch würde ich sie ablehnen. Wenn also der Dr. Karl Renner einen schönen Brief schreibt an den „Werten Genossen Stalin", dann werde ich sagen, daß wir in einer verrückten, perversen Welt leben. Ich mußte zwar in Österreich leben, aber den Renner, der ja Regierungschef und später sogar Bundespräsident wurde, habe ich nie gewählt.

Der Soziologe Leopold von Wiese hat 1946 in Frankfurt gemeint, daß die NS-Herrschaft wie die Pest über die Menschen gekommen sei, „von außen, unvorbereitet, als ein heimtückischer Überfall". Und weiter sagte er: „Der Nationalsozialismus ist ein metaphysisches Geheimnis, an das der Soziologe nicht zu rühren vermag."

Also, ich will da keine Metaphysik, das Ganze war gut vorbereitet. Auch das Bekenntnis zum Antisemitismus war von allen Vätern und Vorläufern des Nationalsozialismus gut vorbereitet. Allerdings zu sagen, mit dem Antisemitismus hört die Ideologie und Praxis des Nationalsozialismus auf, das wäre zu wenig, es gibt viel mehr.

Wiese hat in gewisser Weise eine Art „Wellenentwicklung" beschrieben: Die Ausbreitung totalitärer Entwicklungen in Europa, im Osten, in Italien, Spanien, Deutschland, eine Welle, die sozusagen über diese Welt schwappt oder über dieser Welt zusammenschlägt. Doch die Frage dann ist: Welchen Sinn hat ein Widerstand gegen eine solche Welle? Wäre es nicht vernünftiger zu warten, bis sich die Welle von selbst wieder totläuft?

Widerstand ist sinnvoll und wird erst durch Einigkeit zum Erfolg. Er muß organisiert sein, und er muß wirklich ein geeinigter Widerstand sein, er darf also nicht aus einzelnen Gruppen und Grüppchen bestehen. Ich nenne das immer die „verlängerte Volksfront", die damals zwar nicht innerhalb der einzelnen Staaten, wohl aber international zustandegekommen ist. Ich war immer überzeugt, daß ab dem Moment, in dem man gemeinsam gegen Hitler vorgeht und gemeinsam ein Konzept der Bekämpfung entwickelt, es möglich sein wird, Hitler zumindest militärisch zu besiegen. Ob man ihn dann moralisch besiegt, das ist eine andere Sache.

Ein Teil ihres Lebens war dem Widerstand gegen die nationalsozialistische Ideologie gewidmet. Heute, gegen Ende des Jahrhunderts, halte ich die Ideologie der Produktivität und der Konsumption, also die Ideologie des westlichen Wohlstandsmodells, für in größtem Ausmaß lebensbedrohend. Heute ist die gesamte Menschheit, die Tier- und Pflanzenwelt, der ganze Globus von der Zerstörung bedroht. Sehen Sie da Möglichkeiten eines sinnvollen Widerstandes gegen diesen „Exterminismus"?

Ich habe es sehr leicht, Ihnen zu antworten. Denn glücklicherweise bin ich schon in meiner Jugend auf ein Buch von Theodor Lessing gestoßen, daß dieser übrigens während des Ersten Weltkrieges geschrieben hat, zur selben Zeit, als der berühmte Oswald Spengler seinen „Untergang des Abendlandes" geschrieben hat. Aber die beiden haben voneinander nichts gewußt, haben sich gar nicht gekannt. Und das Buch kam Anfang der 20er Jahre heraus und hieß „Untergang der Erde am Geist". Und mit dem Geist war die Technik gemeint. Diese Technik, die ja auch die beiden Weltkriege sehr gefördert hat, denn ohne diese Technik gibt es keine so massive und überdimensionierte Aufrüstung, die auch zur Atombombe geführt hat. Und diese Rüstung geht auf Kosten unserer Grundsubstanz, von Erde, Luft und Wasser.

Welchen Widerstand empfehlen Sie Ihren Zeitgenossen?

Ich glaube, es gibt jetzt den größten Pazifismus aller Zeiten. Also jetzt muß es endlich eine Weltfriedensbewegung geben, endlich. Und auch die Großmächte, die sich in der Vergangenheit richtiggehend polarisiert haben, scheinen ja gerade zur Einsicht zu kommen, daß die Verständigung im Interesse der Erhaltung der Menschheit notwendig ist. Die Umwelt wird natürlich nach wie vor verunreinigt oder, besser gesagt, versaut. Die Öko-Aktivisten tun etwas dagegen, glücklicherweise haben wir auch in Österreich Green Peace, glücklicherweise, denn alle anderen reden und machen Papierresolutionen, aber das ist zu wenig. Das, was die Regierungen tun und unsere Regierung tut, ist zu wenig. Die Ministerin zum Beispiel, die ist verantwortlich für die Jugend, für die Familie und für die Umwelt. In jedem einzelnen dieser Bereiche gäbe es genug Arbeit, für die Umwelt bleibt da nicht viel. Auf keinen Fall ist das ausreichend, es ist halt eine parteipolitische Auspackelei. Es existiert kein Blick für die wirklichen Gefahren, die der Welt drohen. Und Österreich ist ja ein kleiner Bestandteil dieser Welt.

Hilde Zaloscer

Privilegien weitergeben

Kennen gelernt habe ich Viktor Matejka als junge Kunsthistorikerin, kurz nach Vollendung meines Studiums, im Zusammenhang mit der Volksbildung. Einige meiner Kollegen, die es später zu internationalem Ansehen bringen sollten, wie etwa Fritz Novotny, der bekannte Cézanne-Forscher, Otto Demus, der zu den bedeutenden Byzantinisten zählt, oder Fritz Grossmann, dem wir eine der wichtigsten Breugel Studien verdanken, und viele andere, deren Laufbahn im KZ enden sollte, vielversprechende Kunsthistoriker wie Otto Schneid oder Wolfgang Born, wir alle waren nicht nur mit Leib und Seele Kunsthistoriker, wir waren auch, von der Aufbruchstimmung jener Jahre mitgerissen, von Professoren wie Heinrich Glück und Hans Tietze motiviert und vom Geist, der damals im „Roten Wien" herrschte, durchdrungen, glühend an Volksbildung interessiert. Wir glaubten, daß es unsere Pflicht war, die Privilegien, die wir genossen, vor allem Bildung, das heißt Teilhabe an den geistigen Werten, weiterzugeben, weiterzuvermitteln an jene, die diese Privilegien nicht genossen, bei denen wir ein Interesse vermuteten, das es zu wecken galt, vorausgesetzt, es wurde gefördert. Das war die Hochblüte der Wiener Volkshochschulen und Volksbildungsheime, für die Viktor Matejka so intensiv tätig war, als Obmann der Volkshochschule Wien Volksheim und als Vortragender in verschiedenen Wiener Volkshochschulen.

So haben wir alle, ich und die obengenannten Kollegen, mit echtem Idealismus und Einsatzfreudigkeit unsere Kenntnisse, unser Wissen weitervermittelt, als Dozenten an den diversen Volkshochschulen Wiens. Hier waren wir im direkten Kontakt mit den Arbeitern – damals nannten sie sich ohne Scham so, heute bedient man sich eines nicht sehr geglückten Neologismus: Arbeitnehmer.

Ihnen Liebe und Verständnis für Kunst zu vermitteln, auch daß sie damit ihren tristen Alltag vergessen, aber vor allem die Welt des Geistes zu erkennen helfen, war unser Ziel.

In logischer Folge dieser Tätigkeit, die wir alle sehr ernst nahmen, erkannten wir bald ein wichtiges Problem: Die Arbeiter von damals, die in den Arbeiterbezirken wohnten, kamen nie oder fast nie in die Bezirke der Inneren Stadt oder in die Museen. Daß man Kunst nicht an Hand von Abbildungen bzw. Diapositiven wirklich erleben kann, darüber waren wir uns alle einig. Wie aber bringt man sie in das Museum? Da hatte ich einen Einfall, als wir gerade dieses Problem untereinander besprachen und ich sagte: „Wie wäre es, wenn wir mit naturgetreuen Kopien“ – damals gab es die großartigen, berühmten Seemanndrucke – „in die Arbeiterbezirke gingen, mit kleinen Leiterwagen, und die Abbildungen herzeigten, erklärten, analysierten und dann die Zuschauer bzw. Zuhörer einluden, sich die Originale am nächsten Sonntag im Museum anzuschauen?“ Diese Initiative, die in erster Linie eine Art „Schwellenangst“ abbauen sollte, erwies sich in der Folge als sehr fruchtbar und startete unter dem Namen „Kunst ins Volk“. Ich ahnte kaum, daß wir einen solchen Erfolg, ein so großes Echo haben sollten. Aber Kollegen wie eben Fritz Novotny, Viktor Griesmayer – der nachmalige Direktor des „Museums für Angewandte Kunst“ – und alle anderen, wir waren mit solchem Feuereifer dabei, daß wir unser Publikum mitrissen und schließlich auch einen tatsächlichen Erfolg hatten. Zu dieser Zeit lernte ich also Viktor Matejka persönlich kennen, der auf seine ihm so eigentümliche Art begeistert war von der Idee und uns in allem unterstützte. Aus dieser Zeit konnte ich einen Brief retten, in dem mir Viktor Matejka ganz persönlich zu diesem Erfolg dankt. Der Brief hatte drei Emigrationen und vier Kontinente überstanden!

Als ich nach vierzig Jahren aus der Emigration nach

Wien zurückkehrte und nach alten Freunden und Kollegen suchte, fand ich Viktor Matejka in ungebrochener Energie und Frische und vom alten kämpferischen Geist beseelt.

Seither besuchte ich ihn immer wieder in der Theobaldgasse, wo er umgeben von seinem „Wappentier", dem Hahn, in ungezählten Variationen, saß. Wir plauderten wie in alten Zeiten, von vergangenen Dingen, ja wir stritten sogar. Denn während ich im Laufe meiner Erfahrungen viel von meinen einstigen Illusionen verloren hatte und eher zur Resignation neigte, hatte Viktor nichts von seinem kämpferischen Geist verloren. Und er konnte über meine Desillusionen ganz wild werden. Kämpfen, immer weiterkämpfen, und wenn man darüber zugrunde geht, war seine Devise, und die hat ihn, diesen großartigen, mutigen und unermüdlichen Geist, bis zum Ende nicht verlassen.

Viktor Matejka verdankt das jetzt so vielgeschmähte „Rote Wien", das man heute, wie so vieles aus der Vergangenheit, zu demontieren versucht, viel, damals als es in der Blüte stand, als Viktor und wir alle in der Blüte standen, viel, sehr viel! Vor allem aber etwas, das heute wenig gefragt ist: Volksbildung; mit anderen Worten Kultur, die mit Volkserziehung einherging. Heute wird sie durch Konsum ersetzt. Ob er den Menschen die gleiche Freude, die gleiche Satisfaktion gibt? Ich wage es zu bezweifeln, angesichts all dieser Folgeerscheinungen in der Gesellschaft.

Ich bin daher sicher, wir würden heute – und nicht nur auf dem Gebiete der Volkserziehung – jemanden wie Viktor Matejka brauchen! Dringend.

Helmut Zilk
Wie ein Vater

Gerne hätte ich über meinen Freund, Viktor Matejka, ausführlich geschrieben. Durch das Attentat, das auf mich verübt wurde, ist mir dies leider nicht möglich, aber ein paar sehr persönliche Zeilen will ich beitragen.

Als Österreich befreit war, wurde ich achtzehnjährig als Lehrer eingesetzt, und in diese Zeit fällt der Beginn meiner Bekanntschaft mit Viktor Matejka. Zunächst ist sein Name als Kulturstadtrat aufgetaucht. Man hat darüber gesprochen, daß hier ein Unkonventioneller im Rathaus sitzt. Ich habe den Kontakt gesucht, er hat sich für mich, einen jungen Menschen und kleinen Lehrer, Zeit genommen, und seit damals hat dieser Kontakt bestanden. Der erste Artikel, den ich in meinem Leben veröffentlicht habe, kam in der Zeitschrift „Das Tagebuch". Das verdanke ich Viktor Matejka. Er hat mich zu dem Artikel angeregt und ihn auch untergebracht. Und diese Veröffentlichung in einer damals so wichtigen Kulturzeitschrift hat einem jungen Menschen viel bedeutet.

Mit dem Augenblick, da ich als Kulturstadtrat berufen wurde, hat sich der Kontakt intensiviert, und seitdem ist dieser Kontakt regelmäßig und beständig geblieben. Unvergeßlich die Briefwechsel mit ihm: Seine Briefe waren für mich von größter Bedeutung. Viktor Matejka war ja ein passionierter Briefeschreiber, und ich verfüge über einen ganzen Stoß von Briefen von ihm. Er hat in ihnen regelmäßig analysiert, was ich getan, welche Ideen ich präsentiert hatte, und hat seine Meinung und seine Beurteilung abgegeben. Seine Briefe an mich waren wahre Lehrstücke. Sie zählen zu den wenigen wirklich bedeutenden Briefen, die ich in meinem Leben erhalten habe. Ich habe dieser Freundschaft sehr, sehr viel zu verdanken. Viktor Matejka war für mich, wie für andere auch, wie ein Vater.

Viktor Matejka

Geboren 4. 12. 1901 in Korneuburg – Volks- und Mittelschule in Stockerau – Geschichte und Geographie an der Universität Wien – Dissertation über Völkerrecht – Lehrjahre in Film und Theater – in die Wiener Volkshochschule durch Ludo Hartmann – Zeitschriften ab 1926: „Die Frage/Der Leser hat das Wort" und „Berichte zur Kultur- und Zeitgeschichte" (bis Anfang 1934) – 1932 „Zwischenspiel Hitler" (Sonderheft und Buch) – erste große öffentliche Filmdiskussion: sowjetischer Tonfilm „Der Weg ins Leben" (1932) – 1930 bis 1936 politische Reisen nach Deutschland – 1934 bis 1938 Bildungsreferent der Kammer für Arbeiter und Angestellte – 1934 bis 1936 frei gewählter Obmann der Volkshochschule Wien-Volksheim – 1935 bis 1938 Gesellschaft der Filmfreunde Österreichs – 1936 bis 1938 politische Reisen nach Frankreich, England, Belgien, Schweiz – April 1938 (erster Österreicher-Transport) bis Juli 1944 KZ Dachau und Flossenbürg – U-Boot in Wien – April 1945 bis Dezember 1949 Wiener Stadtrat für Kultur und Volksbildung – 1945 bis 1954 Gemeinderat – 1945 bis 1957 Mitglied des ZKs der KPÖ – 1950 zweite Gründung der Gesellschaft der Filmfreunde – 1950 bis 1957 Mitherausgeber und leitender Redakteur des „Tagebuch" – 1977 Würdigungspreis der Stadt Wien für Volksbildung – 1981 Preis aus der Dr. Karl Renner-Stiftung – 1991 (Überreichung der Urkunde 1992) „Bürger der Stadt Wien" – gestorben 2. 4. 1993 in Wien

Widerstand ist alles. Notizen eines Unorthodoxen. 1984
Anregung ist alles. Das Buch Nr. 2. 1989
Das Buch Nr. 3. Mit einem Vorwort von Johannes Mario Simmel und einer Einleitung von Peter Huemer. Hrsg. von Peter Huemer. 1993; alle: Löcker Verlag Wien

Autoren

Evelyn Adunka, 1965 geboren. Studium der Philosophie, Geschichte und Judaistik in Wien. 1988 Sponsion mit einer Arbeit über moderne jüdische Philosophie, 1990 Promotion mit einer Dissertation über Friedrich Heer. 1990/91 Lehrauftrag für jüdische Philosophie an der Uni Wien. Seit 1992 Forschungsprojekt über Judentum und Antisemitismus in Österreich nach 1945. Zahlreiche Publikationen zu jüdischen und anderen zeitgenössischen Themen.

Otto Breicha, Dr., 1932 in Wien geboren. Kunstschriftsteller und Ausstellungsmacher. Herausgeber der Wiener Halbjahresschrift für Literatur und Kunst „protokolle". Direktor der Salzburger Landessammlungen Rupertinum.

Robert Dachs, 1955 geboren. Regieassistent, Dramaturg, Autor, Sammler von allem, was die Nazis vernichten wollten. Bücher: „Halbseide" (Roman, 1982), „Bonbons Viennois" (Roman, in französ. Sprache), „Willi Forst" (Biographie, 1986), „Oskar Werner, ein Nachklang" (Biographie, 1988), „Salzburger Festspielereien" (Kulturhistor. Buch, 1992); Ausstellungen u.a: „Sag beim Abschied..."; „Genie und Fetzenschädel" Eine Oscar Werner-Ausstellung; „Im Herzen Sägespäne", „Lachen und Weinen in Wien".

Fritz Eckhardt, 1907 in Linz geboren. Schauspieler an Wr. Theatern und Volksschriftsteller, Theaterdirektor (Der liebe Augustin, 1945; Wr. Künstlertheater, 1946–1948) Film- und Fernsehautor und -schauspieler.

Georg Eisler, 1928 in Wien geboren. 1939 Emigration nach England. Dort Kunststudium (auch privat bei Oskar Kokoschka) und, nach der Rückkehr 1946, in Wien. 1968–1972 Präsident der Wiener Secession. Einzelausstellungen im In- und Ausland; Arbeiten in zahlreichen Museen; auch Buchillustrator und Bühnenbildner; gelegentlich Lehrtätigkeit.

Herbert Exenberger, 1943 in Wien geboren. War Elektromechaniker bei den Wiener Stadtwerken-Elektrizitätswerken. Nach Absolvierung des zweiten Bildungsweges und der Prüfung für Volksbibliothekare Leiter einer Zweigstelle der Wiener Städtischen Büchereien. Seit 1970 Bibliothekar im Dokumentationsarchiv des österreichischen Widerstandes.

Elisabeth Glück-Koller, 1923 in Wien geboren. Mag. art. (Gebrauchs- u. Zeitungsgraphik); Dr.phil. (Publizistik, Kunstgeschichte u. Geschichte). Redakteurin der Arbeiter-Zeitung, Kunstberichterstatterin. Seit 1971 freie Kulturpublizistin mit Schwerpunkt Wiener u. Niederösterreichische Themen. Bücher: Steinhofkirche; Unbekannter Jugendstil in Wien und Niederösterreich; Artikelserien: Künstlerportraits; Sagen, historisch untersucht; Über jüdische Synagogen u. Friedhöfe.

Heimo Gruber, 1953 in Mürzzuschlag geboren. Ab 1982 Bibliothekar bei den Wiener Städtischen Büchereien, zur Zeit in der Lehrlingsbücherei der Siegfried Marcus-Berufsschule. Veröffentlichung: Bücher aus dem Schutt. Die Wiener Städtischen Büchereien 1945–1950. Mit einem Vorwort von Viktor Matejka. Wien: Verlag für Gesellschaftskritik 1987.

Erich Grubhofer, Mag. phil., 1939 in NÖ geboren. Nach kaufmännischer Ausbildung zehn Jahre Tätigkeit in verschiedenen Berufen. Externistenmatura. Studium der Germanistik und Geschichte. Seit 1976 Direktor am Gymnasium des Institutes Sacré Coeur der Erzdiözese Wien in Pressbaum.

Karl Hans Heinz, 1907 in eine Eisenbahnerfamilie in Wien, Floridsdorf, geboren. Technische Mittelschule (Ingenieur), Hochschule für Welthandel (Diplomkaufmann). Mitarbeit bei der „Arbeiter-Zeitung“ bis 1934. Teilnahme am Februarkampf 1934, mehrwöchige Haft. Mitbegründer der ersten freien Zeitung nach der Befreiung, „Neues Österreich“. Seit 1966 parteilos. Bücher: „E. K. Winter – Ein Katholik zwischen Österreichs Fronten“, hgg. F. R. Reiter, Böhlau 1984; „Im Zwielicht – Roman aus der Endzeit Österreichs“, Literas 1989.

Fritz Herrmann, Dr. phil, 1922 geboren. Journalist und Stückeschreiber: „Die stummen Affen“ (Tragikomödie, München 1970). „Bakunins Sterbetag – Ein anarchistisches Traktat“ (ORF 1976), „Bakunin“ (Tragikomödie, Verlag Monte Verità, 1993). Einige Hörspiele in Ö 1. Lebt als Teichwirt im Burgenland.

Ernst Hinterberger, 1931 geboren. Berufe: Elektriker, Hilfsarbeiter, Polizist, Bibliothekar, Expedient, jetzt freier Schriftsteller. Romane: Beweisaufnahme, Salz der Erde, Das Abbruchhaus, Wer fragt nach uns, Jogging, Kleine Leute, Das fehlende W, Und über uns die Heldenahnen, Kleine Blumen, Kaisermühlen-Blues. Hörspiele, Fernsehspiele und -serien wie Ein echter Wiener, Kaisermühlen-Blues.

Gerda Hoffer, Tochter von Stefan Pollatschek. 1938 von Wien nach England emigriert. Studium der Vergleichenden Religionsgeschichte an der Universität London. Arbeitet seither in der Erwachsenenbildung. Veröffentlichungen : 1968: „Guilty my Lord“, 1980: „I did not survive“, 1987: „The Ututzlegacy“ (Deutsch: „Ererbt von meinen Vätern“). Verschiedene Artikel in englischen und amerikanischen Zeitschriften. Lebt seit 1978 in Jerusalem.

Alfred Hrdlicka, 1928 in Wien geboren. 1942–1945 Zahntechnikerlehre. 1945 Studium bei Gerda Matejka-Felden, dann bis 1957 bei Dobrowsky, Güthersloh und Wotruba. 1960 erste Ausstellung zusammen mit Fritz Martinz. 1978–1991 Arbeit an dem Mahnmal gegen Krieg und Faschismus in Wien.

Peter Huemer, Dr. phil., 1941 geboren. Journalist und Historiker. Studium der Geschichte, Germanistik, Kunstgeschichte an der Uni Wien. 1974–1976 Mitarbeit bei Claus Gatterer am Magazin „teleobjektiv" im österreichischen Fernsehen, 1977–1987 Leiter des „Club 2", seit 1987 Leiter „Gespräche und Diskussionen" im ORF-Hörfunk. Publikationen: „Sektionschef Robert Hecht und die Zerstörung der Demokratie in Österreich" (1975), „Im Gespräch" (1993), viele Buchbeiträgen zur österreichischen Geschichte im 20. Jahrhundert. Hrsg.: „Unterwerfung. Über den destruktiven Gehorsam" (1990, gemeinsam mit Grete Schurz), „Viktor Matejka – Das Buch Nr. 3" (1993).

Lotte Ingrisch, 1930 in Wien geboren, Literatin.

Lucia Kellner, Mag., 1932 in Wien geboren, aufgewachsen in Brünn und Prag. 1954–1959 Studium an der Akademie für angew. Kunst in Wien – Malerei – Abschluß mit Diplom und Staatspreis des BMfUK Wien, 1959–1961 Meisterjahre, Studium der Emailtechnik an der Akademie. 1962–1969 Lehrauftrag an der Akademie f. angew. Kunst in Wien. Seit 1972 Mitglied des Wr. Künstlerhauses (1987 im Vorstand, 1992 Ehrenmitglied.)

Reinhold Knoll, 1941 in Wien geboren. Studium der Geschichte und Kunstgeschichte in Wien, Dr. phil. Seit 1973 am Institut für Soziologie der Universität Wien Univ. Doz. Arbeitsschwerpunkte: Geschichte der Soziologie, Politische Soziologie und Kultursoziologie.

Felix Kreissler, Widerständler auf Lebenszeit, Aufklärer aus Passion. Zuletzt Ordentlicher Univ. Prof. an der Universität Rouen, Frankreich, wo er das Österreichische Studien- und Forschungszentrum (CERA) und die Zeitschrift „Austriaca" gründete und bis zu seiner Emeritierung leitete.

Herbert Lederer, in Wien geboren. Dr. phil., Professor h.c. Schauspieler, Regisseur, Theaterdirektor, Schriftsteller. Gründer des „Theaters am Schwedenplatz" in Wien. Seit 1960 ausschließlich Solodarsteller in Eigenproduktionen nach Texten von Artmann, Brecht, Büchner, Busch, Goethe, Gogol, Hašek, Hemingway, Lederer, Mozart, Nestroy, Schnitzler, Scholem-Alejchem, Twain, van Gogh, Villon u.v.a. Gastspiele in allen fünf Kontinenten. Buchveröffentlichungen, Theaterstücke, Opernlibretti.

Christian Limbeck-Lilienau, 1946 geboren. Wohnhaft in Zipf und Wien. Verantwortlich für einen Forstbetrieb in Frankenburg, OÖ.

Ursula Pasterk, 1944 geboren. 1970 Dr. phil. an der Uni Wien. Mitarbeiterin im ORF – Schwerpunkte der Sendungen: gesellschafts-, bildungs- und kulturpolitische Thematik. 1972 Redakteurin des „profil". 1979 kulturpolitische Beratung, Koordination und Organisation für den Kulturstadtrat von Wien, Dr. Helmut Zilk. 1983 Wechsel mit Dr. Zilk ins Bundesministerium für Unterricht und Kunst. Ab 1984 Intendantin der Wiener Festwochen. Seit 1987 Kulturstadträtin von Wien.

Wilhelm Pellert, 1950 in Wien geboren, Dr. phil. mit der Dissertation „Neues Theater in der Scala (1948–1956)". Hörspiele, Theaterstücke (u.a „Jesus von Ottakring", 1975 verfilmt), Romane, Drehbücher (u.a. „Sehnsüchte", ORF 1991), Kinderbücher (u.a. „Der Bienenkönig", 1990 verfilmt).

Alois Peter, 1914 in eine Arbeiterfamilie geboren. Mitglied der Roten Falken, der Sozialistischen Arbeiterjugend. Teilnehmer an den Februarkämpfen 1934. Herbst 1934 Anhaltelager Wöllersdorf. Mitglied der KPÖ. Ab 1937 Mitglied der Internationalen Brigaden in Spanien. 1941 Frankreich und von dort im selben Jahr Deportation in das KZ Dachau. Nach 1945 Funktionär der KPÖ.

Hermann Precht, Dr., 1937 in Schwäbisch Gmünd geboren. Studium: kath. Theologie, Pädagogik. Gymnasiallehrer. Promotion in Neuerer deutscher Literatur und Linguistik an der Uni Marburg/Lahn. 1976–1988: SPD-Abgeordneter des Bodenseekreises im Landtag von Baden-Württemberg. Seit 1991 in der Stiftung Entwicklungs-Zusammenarbeit Baden-Württemberg tätig.

Erwin Ringel, Dr., Univ. Prof., 1921 in Temesvar geboren, jedoch seit dem ersten Lebensjahr in Ö. Psychiater. Aufbau des ersten Selbstmordverhütungszentrums Europas. 1972 Leiter der Psychosomatischen Abteilung der Uni Wien. 1981 Univ. Prof. für Medizinische Psychologie, bis 1991 Vorstand. Zahlreiche Bücher, u. a.: Die österreichische Seele, 1984, Wien. Fürchte den anderen wie dich selbst. Gegensätze überwinden, 1991, Wien.

Edith Rosenstrauch-Königsberg, Dr. phil., 1921 in Wien geboren. Mußte das Gymnasium in Wien nach Einmarsch der Hitlertruppen verlassen. Emigration mit Kindertransport nach England im Jänner 1939, dort: Näherin, Fließbandarbeiterin, Metallarbeiterin am Fließband in der Kriegsindustrie. 1942 Heirat in Manchester. Zwei Töchter. 1946 Rückkehr nach Wien, Matura, Uni Wien: Germanistik, Anglistik, Geschichte, Absolutorium 1952. 1971 Dr. phil. mit einer Dissertation über den österr. Dichter Aloys Blumauer. Langjährige Mitarbeiterin des Studienkreises für Kulturbeziehungen in Mittel- und Osteuropa. Gründungsmitglied, Redakteurin und Vizepräsidentin der „Österr. Gesellschaft zur Erforschung des 18. Jahrhunderts" (bis 1990). Viele Publikationen: u.a. Freimaurerei im josephinischen Wien. Aloys Blumauers Weg vom Jesuiten zum Jakobiner, Wien 1975.

Dieter Schrage, 1935 in Hagen (Deutschland) geboren, lebt seit 1960 in Wien, zunächst als Keramiker. Studium: Theaterwissenschaft und Kunstgeschichte. Kustos des Museums moderner Kunst in Wien. Lektor an den Universitäten Wien und Salzburg. Funktionär und Aktivist der Grünen Alternative Wien.

Hermann Otto Ludwig Schreiber, 1920 in Wiener Neustadt geboren. 1940–1945 Funker in einer Panzerjägerabteilung. 1944 während eines Urlaubs Rigorosen. 1945–1960 Redakteur und Literaturkritiker in Wien. Seit 1960 in Deutschland vorwiegend Sachbuchautor und Reiseschriftsteller. Von seinen vielen Büchern sind ihm die am liebsten, die 20 und mehr Jahre lang immer wieder aufgelegt werden.

Kurt Smolar, 1924 geboren. Matura. Deutsche Wehrmacht und britische Kriegsgefangenschaft 1943–1946. Bundesbeamter i.R.

Ludwig Soswinski, 1905 in Wien geboren. 1929 Dr. jur. Revisor bei den Konsumgenossenschaften. 1925–1929 VSStÖ, dort Sekretär. Nach 1934 KPÖ. 1937/38 Haft. 1938–1945 KZ Dachau, Flossenbürg, Lublin, Auschwitz, Mauthausen. 1945–1958 Wiener Gemeinderat (KPÖ). 1955 Wiener Obmann des KZ-Verbandes, seit 1964 dessen Bundesobmann. 1963 maßgeblich an der Gründung des Dokumentationsarchives des österreichischen Widerstandes beteiligt. Lebt in Wien.

Ludwig Stecewicz, 1906 geboren. Sportjournalist, Sporthistoriker. Mitarbeiter von TV-Dokumentationen von Hugo Portisch. Stiller Zuhörer von V.M.

Gerald Trimmel, Mag., 1962 in Hollabrunn/NÖ geboren. Uni Wien: Geschichte, deutsche Philologie. Hochschule für Musik und Darstellende Kunst, Wien: elektroakustische und experimentelle Musik. Mediendidaktik und Museumsgestaltung. Konzerte, Klanginstallationen und Rundfunkaufführungen in Österreich, Frankreich, Kuba, der BRD und Kolumbien. Wissenschaftliche Arbeiten: Filmanalyse.

Willy Verkauf (André Verlon), 1917 als Österreicher in Zürich geboren. 1921 nach Wien. Sozialistische Jugendbewegung. Erste Collagen. 1933 Emigration nach Palästina. 1939 einjährige Haft in britischen Mandatsgefängnissen wegen illegaler politischer Betätigung. Buchhändler und Verleger deutschsprachiger Werke in Jerusalem. Generalsekretär der Freien Österreichischen Bewegung im Nahen Osten. 1946 Rückkehr nach Österreich. Hg. von „Erbe und Zukunft", „Bücherschau". Großes bildnerisch künstlerisches Werk, besonders Collagen. Zahlreiche Bücher, Standardwerk über Dadaismus, eigene Gedichte. 1994 in Wien gestorben.

Alois Vogel, 1922 in Wien geboren, lebt seit 1976 in Pulkau, Weinviertel. Seit 1959 23 Bücher: Romane, Erzählungen, Lyrik, Kurzprosa. Übersetzungen in 15 Sprachen. Herausgeber von u.a. der Reihe „Lyrik aus Österreich". Der ORF sendete Hörspiele und Funkerzählungen.

Max Weiler, 1910 in Hall in Tirol geboren. Lebt in Innsbruck und Wien. 1930–1937 Studium der Malerei an der Akademie der bildenden Künste, Wien bei Prof. Karl Sterrer. 1964 Leiter der Meisterklasse für Malerei, Akademie der bildenden Künste, Wien. Neben dem Tafelbild bedeutende Serie von Wandmalereien kirchlichen und profanen Charakters, von Mosaiken, Glasmalereien und Keramikwandbildern.

Christian Werner, 1959 geboren. Studierte Handelswissenschaften und Politologie. Artikel und Photobeiträge für in- und ausländische Zeitungen und Magazine, u. a. „Libération", „New York Review" und „Bild der Wissenschaft". Lebt als freier Journalist in Wien und Rio de Janeiro.

Hilde Zaloscer, 1903 geboren. 1927 Dr. phil. (Kunstgeschichte), Uni Wien. Da keine Chance für wissenschaftliche Karriere (politische Verhältnisse), Emigration nach Ägypten. Dort erste wegweisende Arbeiten über koptische Kunst. 1947 Scheitern einer Reimigration nach Österreich. Neuerlich nach Ägypten. Berufung an die Uni Alexandrien. 1968 Scheitern der Reimigration. Dritte Emigration, jetzt nach Ottawa, Carleton University. Seit 1972 wieder in Wien. Lehrbeauftragte an der Universität. Zahlreiche Publikationen im In- und Ausland.

Helmut Zilk, Prof., Dr., 1927 in Wien geboren. Lehrerbildungsanstalt. Ab 1947 Volks- und Hauptschullehrer. 1951 Promotion an der Uni Wien: Philosophie, Psychologie, Pädagogik. 1956–1966 Professor für Pädagogik an einer Lehrerbildungsanstalt. Gründung des Schulfernsehens in Ö., 1967–1974 Programmdirektor des österr. Fernsehens. Zahlreiche TV-Sendungen. Ab 1946 Mitglied des Sozialistischen Lehrervereins, ab 1950 Mitglied der SPÖ. 1979 Stadtrat für Kultur und Bürgerdienst von Wien. 1983 Bundesminister für Unterricht und Kunst. Ab 1984 Bürgermeister von Wien.

F. R. REITER (Hg.)

Wer war Leopold Ungar?

Die erste, authentische Antwort gibt Prälat Leopold Ungar selbst – in dem hier zum ersten Mal gedruckten Vortrag „Der neue Mensch", in dem er seine theologisch und politisch radikalen Grundsätze offen darlegt.

Vierzig Autoren legen Zeugnis ab, berichten und analysieren:

Alexander Abrahamowicz • Dolores M. Bauer • Michael Benedikt • Helmut Blasche • Franc Bole • Erwin Chargaff • Herberth Czermak • Johannes Dantine • Peter Devereaux • Clare Deveson • Bernhard Dolna • Hubert Feichtlbauer • Gregory Felling • Eva-Maria Geiblinger James Gillcrist • Michael Guttenbrunner • Wini Guttenbrunner • Adolf Holl • Georg Hüssler • Peter Jünnemann • Egon Kapellari • Ali Kielmansegg • Eric Kirkby Franz König • Uta Krammer • Adalbert Krims • Fred Mayer • Erika Mitterer • Walter Joseph Palham • Zsolt Nikolaus Patka • Werner Reiss • Erwin Rennert • Erwin Ringel • Rainer Rosenberg • Dietmar Schönherr • Friedrich Schuhmayer • Helmut Schüller • Wolfgang Sonnleitner • Reinhold Stecher • Gordon F. van der Veen • Peter Weck

20,5 x 13,2, Br., 224 S.; ÖS 298,00 DM 45,00 Sfr 39,00
ISBN 3-900766-08-8

Dokumente · Berichte · Analysen

Herausgegeben von Franz Richard Reiter

EPHELANT

MONIKA HORSKY (Hg.)

Man muß darüber reden

Schüler fragen KZ-Häftlinge

Österreicherinnen und Österreicher, die die Nazi-Konzentrationslager überlebt haben, berichten Schülern und beantworten ihre Fragen. Monika Horsky hat diese Gespräche erlebt und erfahren, welch großen Eindruck sie auf junge Menschen machen.

Was liegt näher, als die Aussagen der Zeitzeugen und ihre Antworten auf Schülerfragen schriftlich festzuhalten und somit jedem zugänglich zu machen?

Hermann Langbein
Sucht euch nicht den leichteren Weg
Fritz Kleinmann
Über Nacht waren wir nicht „rassenrein“
Ella Lingens
Das Versprechen
Ferdinand Berger
Das Schlimmste: absolute Rechtlosigkeit
Anni und Heinrich Sussmann
Macht's den Mund auf und red's
Hilde Zimmermann
Sich die Menschenwürde nicht nehmen lassen

20,5 x 13,2, Br., 216 S.; ÖS 248,00 DM 37,00 Sfr 32,00
ISBN 3-900766-01-0

Dokumente · Berichte · Analysen
Herausgegeben von Franz Richard Reiter
EPHELANT